국가공인
한자·한문지도사 1급 자격시험 연습문제집

초 판 발 행 | 2011. 3. 15
초 판 3 쇄 | 2019. 5. 10
펴 낸 곳 | 주식회사 형민사
지 은 이 | 국제어문능력개발원
인터넷구매 | www.hanja114.co.kr
구 입 문 의 | TEL.02-736-7694, FAX.02-736-7692
주　　소 | ㈜04551 서울특별시 중구 수표로 45, 505호 (저동2가, 비즈센터)
등 록 번 호 | 제2016-000003호
정　　가 | 18,000원
ISBN 978-89-91325-92-0 13710

- 이 책에 실린 모든 편집 내용에 대한 저작권은 〈주식회사 형민사〉에 있으므로 무단으로 복사, 복제할 수 없습니다.
- 파손된 책은 바꾸어 드립니다.

국가공인 한자·한문지도사 자격시험 완벽대비

형민사

국·가·공·인

漢字·漢文 指導師
자격시험 연습문제집

1급

국가공인 한자·한문지도사 자격시험 상세안내
유형파악을 위한 **연습문제 6회분** 수록
실전대비 **기출문제 2회분** 수록
OCR답안지로 모의시험가능

형민사

국가공인

한자·한문지도사 1급

일러두기

1.
이 책은
'사단법인 한자교육진흥회'가 주관하고
'한국한자실력평가원'이 시행하는
'국가공인 한자·한문지도사 자격시험 1급'을
준비하는 응시자를 위해 만들어졌습니다.

2.
기출문제를 철저히 분석하여 재구성한
6회분의 연습문제를 수록하여
출제유형과 경향을 파악할 수 있도록 하였습니다.

3.
최신 기출문제 2회분을 풀어봄으로써
실전감각을 익힐 수 있도록 하였습니다.

4.
정답을 작성할 수 있는 답안지 양식 5회분을 수록하여
실전에 대비한 모의시험이 가능하도록 하였습니다.

자격시험 연습문제집

🍀 한자·한문지도사 자격시험 안내	6	
🍀 한자·한문지도사 자격시험 1급 연습문제	9	목
연습문제 1회	10	
연습문제 2회	25	
연습문제 3회	39	
연습문제 4회	53	차
연습문제 5회	67	
연습문제 6회	82	
🍀 한자·한문지도사 자격시험 1급 기출문제	97	
기출문제 1회	97	
기출문제 2회	105	
🍀 모범답안	113	
🍀 연습용 답안지		

국가공인 한자·한문지도사 자격시험 안내

한자·한문지도사 자격은 이 시대 유망직종 입니다!!

◆ 자격기본법 제22조 제1항에 따라 국가공인을 받았습니다.
◆ 국가공인 민간자격증은 자격기본법 제23조 제3항에 의거 국가자격을 취득한 자와 동등한 대우를 받으며 국가공인기관에서 시험을 실시합니다.

자격종목 및 등급
- 자격종목 : 한자·한문지도사
- 등   급 : 특급, 1급, 2급, 3급

시험 일시
- 연4회 (1, 4, 7, 10월경), 오후 3시 실시
- 위 시험일정은 사정에 따라 변경될 수 있음

한자·한문지도사란
「한자·한문지도사」는 한자와 한자어 교육을 통해 어휘능력을 배양하고, 한문독해능력을 길러 한문기록에 담긴 선인들의 삶과 지혜를 이해함으로써 건전한 가치관과 바람직한 인성을 함양하고, 전통문화를 바르게 이해하여 창조적으로 계승 발전시킬 수 있으며, 한자문화권 내에서의 상호이해와 교류 증진에 기여할 수 있도록 집단 및 개인을 지도하는 역할을 수행하는 자를 말한다.

자격의 활용
- 초·중·고등학교 방과후학교 강사
- 문화교실, 주민자치센터 등 각종 사회교육기관 강사
- 대학 평생교육원 강사
- 유치원, 한자공부방, 한자학습지 강사
- 한자·한문 검정관련 업무 수행
- 고전번역, 전통문화 전승교육 등의 업무 수행

시험 요강

※ 각 등급별 출제범위는 하위등급의 범위를 포함함.

등급	검정과목	출제범위	문항수	시험시간	합격기준	응시자격	응시료
특급	한자의 기초	- 한자의 기원·변천·짜임(六書)·부수 - 선정한자 5,000자의 형·음·의	150 객:50 주:100	120분	70% 이상	만20세 이상	10만원
	한자의 활용	- 5,000자를 활용한 한자어의 짜임·활용 - 성어의 이해·활용					
	한자와 한문	- 논어·맹자·고문진보·한시의 이해 - 한문법·한문교육론(교사론)					
1급	한자의 기초	- 한자의 기원·변천·짜임(六書)·부수 - 선정한자 3,500자의 형·음·의	100 객:30 주:70	80분			
	한자의 활용	- 3,500자를 활용한 한자어의 짜임·활용 - 성어의 이해·활용					
	한자와 한문	- 격몽요결·소학·대학·중용의 이해 - 고등학교 한문교과서 단문·산문·한시 - 한문법·한문교육론(한국교육사상사)					
2급	한자의 기초	- 한자의 기원·변천·짜임(六書)·부수 - 선정한자 2,300자의 형·음·의	100 객:30 주:70	80분			
	한자의 활용	- 2,300자를 활용한 한자어의 짜임·활용 - 성어의 이해·활용					
	한자와 한문	- 추구·명심보감의 이해 - 중·고등학교 한문교과서 단문·산문·한시 - 한문법·한문교육론(평생교육론)					
3급	한자의 기초	- 한자의 기원·변천·짜임(六書)·부수 - 교육용한자 1,800자와 천자문의 형·음·의	100 객:30 주:70	80분			
	한자의 활용	- 1,800자를 활용한 한자어의 짜임·활용 - 성어의 이해·활용					
	한자와 한문	- 사자소학의 이해 - 중학교 한문교과서 단문·산문·한시 - 한문법·한문교육론(한문과 교육과정 해설)					

접수방법

- 인터넷접수 : 홈페이지(www.hanja114.org)에 접속하여 접수
- 방문접수 : 전국 각 지역의 원서접수처 중 가까운 곳에 방문하여 접수

응시자 준비물

- 수험표 • 신분증 • 필기도구(검정색볼펜, 검정색 싸인펜) • 수정테이프
- 시험시작 20분전 입실

국가공인
한자・한문지도사 1급

연습문제

(1회~6회)

1회 국가공인 한자·한문지도사 1급 연습문제

● 객관식 (30문항)

과목1. 한자의 기초

※ 다음 물음에 답하시오.

1. 象形과 指事의 차이점을 바르게 설명한 것은?
   ① 象形은 생성의 원리이고, 指事는 활용의 원리이다.
   ② 象形은 사물의 動態를 본뜬 반면, 指事는 사물의 停態를 표시한다.
   ③ 象形은 구체적 물체를 본뜬 반면, 指事는 추상적 개념을 표시한다.
   ④ 象形은 본뜻이 동사인 한자가 많고, 指事는 본뜻이 명사인 한자가 많다.

2. 다음은 부수가 변형된 형태로 사용된 한자들이다. 부수의 원형과 그 뜻이 바르지 않은 것은?
   ① 複 : 衣(옷)
   ② 陵 : 邑(고을)
   ③ 敦 : 攴(두드리다)
   ④ 遙 : 辵(쉬엄쉬엄 가다)

3. 다음은 漢字體의 변천과정을 왼쪽부터 차례대로 나타낸 그림이다. ㉠과 ㉡에 들어갈 書體로 바른 것은?

㉠	金文	小篆	㉡	楷書
				石

   ① ㉠-大篆 ㉡-隸書
   ② ㉠-大篆 ㉡-草書
   ③ ㉠-甲骨文 ㉡-隸書
   ④ ㉠-甲骨文 ㉡-草書

※ 다음 六書에 관한 설명을 읽고 물음에 답하시오.

> ㉠ 구체적인 사물의 모양을 본떠서 만든 글자
> ㉡ 이미 만들어진 글자를 결합하여 새로운 뜻을 나타내되, 일부는 뜻을 일부는 음을 나타내는 글자

4. 다음 중 ㉠의 설명에 해당하는 造字원리와 漢字의 예로 바른 것은?
   ① 象形-象   ② 形聲-形   ③ 指事-指   ④ 會意-會

5. ㉡의 설명에 해당하는 漢字끼리 묶인 것은?
   ① 頭-目   ② 帳-幕   ③ 道-德   ④ 假-面

과목2. 한자의 활용

※ 다음 물음에 답하시오.

6. 다음 중 漢字語의 짜임이 나머지 셋과 다른 하나는?
   ① 毁瘠   ② 倦怠   ③ 嫉妬   ④ 接踵

7. 다음 중 한자어의 독음이 바르지 않은 것은?
   ① 陶冶: 도야   ② 眺望: 조망   ③ 襁褓: 강포   ④ 閃影: 섬영

8. 다음 중 한자성어의 표기가 바르지 않은 것은?
   ① 賊反荷杖   ② 一網打盡   ③ 垂簾聽政   ④ 愚餘曲折

9. 다음 중 한자어의 뜻이 바르지 않은 것은?
   ① 堪輿: 하늘과 땅을 이르는 말
   ② 允許: 임금이 신하의 청을 허락함
   ③ 醜行: 남을 꾀거나 부추겨서 나쁜 짓을 하게 함
   ④ 推敲: 글을 지을 때 여러 번 생각하여 고치고 다듬는 것

10. 밑줄 친 한자어의 쓰임이 바르지 않은 것은?
    ① 그 계획이 실현되기란 매우 疏遠해 보인다.
    ② 모든 일에는 초석을 鞏固하게 다져야 한다.
    ③ 그는 식구들에게조차 돈을 쓰는 것이 吝嗇하다.
    ④ 갑작스런 제안에 어떻게 대답할 지 잠시 躊躇하였다.

과목3. 한자와 한문

※ 다음 글을 읽고 물음에 답하시오.

> 實翁曰 我復問爾 生之類有三 人也 禽獸也 草木也 三生之類 互相衰旺 抑將有貴賤之等乎 虛子曰 天地之生 惟人爲貴 今夫禽獸也 草木也 無慧無覺 無禮無義 人貴㉠於禽獸 草木賤於禽獸 實翁仰首而笑曰 爾 誠人也 以人視物 人貴而物賤 以物視人 物貴而人賤 自天而視之 人與物 均也

11. 윗글의 주제로 적절한 것은?
    ① 자연을 보호하자.   ② 만물은 귀천이 없다.
    ③ 인간은 만물의 영장이다.   ④ 직업에는 귀천이 없다.

12. 윗글에서 '虛子'가 가장 귀하게 여기는 순서를 차례로 나열한 것은?
    ① 人-草木-禽獸   ② 草木-禽獸-人
    ③ 人-禽獸-草木   ④ 草木-人-禽獸

13. 문맥상 '於'의 활용이 ㉠과 같이 쓰인 것은?
    ① 誠於中 形於外   ② 霜葉紅於二月花
    ③ 所惡於下 毋以事上   ④ 維天之命 於穆不已

※ 다음 漢詩를 읽고 물음에 답하시오.

> ㉠白骨之徵何慘毒　同隣一族橫罹厄
> 鞭撻朝暮嚴科督　前村走匿後村哭
> 雞狗賣盡償不足　悍吏索錢錢何得
> 父子兄弟不相保　皮骨半死就凍獄

14. 밑줄 친 ㉠과 관련 없는 성어는?
    ① 換骨奪胎   ② 苛政猛於虎
    ③ 苛斂誅求   ④ 黃口簽丁

15. 위 시에 대한 감상으로 바르지 못한 것은?
    ① 七言律詩이다.
    ② 현실 비판적이며 사실적이다.
    ③ 조국의 멸망을 한탄하고 있다.
    ④ 가혹한 세금으로 인한 농민의 고통을 주제로 하고 있다.

※ 다음 글을 읽고 물음에 답하시오.

> 大學之道 在(㉠) 在親民 在止於㉡至善

16. ㉠에 들어갈 말을 고르시오.
    ① 修身   ② 格物   ③ 明明德   ④ 日日新

17. 문맥상 '至'의 의미가 ㉡과 가장 비슷하게 쓰인 것은?
    ① 中庸 其至矣乎 民鮮能 久矣
    ② 國無道 至死不變 強哉矯
    ③ 小人閒居 爲不善 無所不至
    ④ 小人之使爲國家 菑害竝至

※ 다음 글을 읽고 물음에 답하시오.

> (가) 所謂(㉠) 必先齊其家者 其家 不可敎 而能敎人者無之 故 君子 不出家而成敎於國 (ⓐ)者 所以事君也 (ⓑ)者 所以事長也 (ⓒ)者 所以使衆也
>
> (나) 堯舜㉡帥天下以仁而民從之 桀紂帥天下以暴而民從之 其所㉢令 反其所好 而民不從 是故 君子 ㉣有諸己而後求諸人 無諸己而後非諸人 所藏乎身 不恕 而能喩諸人者未之有也

18. (가)와 (나)의 내용을 미루어 볼 때 ㉠에 적합한 것은?
    ① 格物   ② 修身   ③ 正心   ④ 治國

19. ⓐ~ⓒ에 알맞은 한자를 차례로 나열한 것은?
    ① 忠-敬-仁   ② 孝-弟-慈   ③ 信-恭-愛   ④ 知-仁-勇

20. ⓒ과 ⓓ의 적절한 의미를 차례로 나열한 것은?
① 統率-命令   ② 將帥-假令   ③ 引率-假令   ④ 將帥-命令

21. 다음 중 ⓔ을 표현하기에 적절한 것은?
① 推己及人   ② 有備無患   ③ 緣木求魚   ④ 興盡悲來

※ 다음 글을 읽고 물음에 답하시오.

> (가) 孔子嘗獨立 鯉趨而過庭 曰學詩乎 對曰 未也 不學詩 無以(㉠) 鯉退而學詩 他日 又獨立 鯉趨而過庭 曰 學禮乎 對曰 未也 不學禮 無以(㉡) 鯉退而學禮
>
> (나) 孔子謂伯魚曰 女爲㉢周南召南矣乎 人而不爲周南召南 其猶㉣正墻面而立也與

22. (가)에 대한 설명으로 잘못된 것은?
① 공자의 가정교육에 대한 내용을 말하고 있다.
② 경전을 공부하는 효용에 대해 알려주고 있다.
③ 공자의 아들은 공자의 가르침을 잘 따랐다.
④ 공자의 아들은 공자의 뜻을 미리 알고 경전에 대해 조기 학습을 했다.

23. ㉠, ㉡에 알맞은 한자를 차례로 나열한 것은?
① 始-成   ② 孝-忠   ③ 言-立   ④ 念-體

24. ㉢과 관련 있는 書名을 고르시오.
① 詩   ② 書   ③ 易   ④ 禮

25. ㉣의 의미로 적절한 것은?
① 매우 쉬움   ② 이치를 깨달음
③ 아무것도 할 수 없음   ④ 너무 기뻐 표현할 수 없음

※ 다음 물음에 답하시오.

26. 다음 중 지눌(知訥)의 교육사상과 거리가 먼 것은?
① 頓悟漸修   ② 定慧雙修   ③ 通佛敎   ④ 居敬

27. 다음 교육기관 중 성격이 다른 것은?
   ① 太學   ② 國子監   ③ 書堂   ④ 國學

28. 한문 교육의 목적으로 적절하지 않은 것은?
   ① 한문을 독해할 수 있는 능력을 기른다.
   ② 유창한 중국어 구사가 최종 목표이다.
   ③ 선인들의 삶과 지혜를 이해하고 건전한 가치관과 바람직한 인성을 함양한다.
   ④ 한자 문화권 내에서의 상호 이해와 교류 증진에 기여한다.

29. 다음에서 활용하고 있는 한자·한자어의 학습방법은?

   (가) 영민이는 신문기사에서 한자어를 골라 한자로 어떻게 쓰며 뜻이 무엇인지 확인하였다.
   (나) 경진이는 지하철 2호선의 역명들의 한자표기를 찾아 배운 한자가 얼마큼 있는지 확인 하였다.

   ① 색출법   ② 조어분석법   ③ 비교학습법   ④ 부수중심지도법

30. 한문을 평가할 때 유의할 사항으로 적절하지 않은 것은?
   ① 문장의 구조, 허자의 쓰임, 문장의 형식은 문장 독해와 관련지어 평가한다.
   ② 격언·속담, 명언·명구는 그 속뜻을 이해하고 있는지의 여부에 중점을 두어 평가한다.
   ③ 한시는 형식평가를 중점적으로 하고, 한시의 내용이해보다는 감상을 평가한다.
   ④ 한문 문장에 담긴 선인들의 삶과 사상을 이해하고, 전통 문화의 계승 발전에 기여할 수 있는지에 대해서도 평가한다.

● 주관식 (70문항)

과목1. 한자의 기초

※ 다음 표를 보고 물음에 답하시오.

甲骨文	楷書
(羽)	羽

주1. 위의 표를 통해 알 수 있는 六書의 한 가지를 漢字로 쓰시오.
(   )

주2. 위에서 설명하는 漢字를 부수로 하는 漢字를 두 개만 쓰시오.
(,   )

※ 다음 □안에 공통으로 들어가 각각 다른 의미로 사용되는 漢字를 쓰시오.

주3. (   )

㉠ 圓□ : 모난 데가 없고 원만함
㉡ □稽 : 익살을 부리는 가운데 어떤 교훈을 주는 일

주4. (   )

㉠ 梗□ : 소통되지 못하고 막힘
㉡ 要□ : 군사적으로 중요한 곳에 튼튼하게 만들어 놓은 방어 시설

※ 다음 □안에 類義字를 넣어 한자어를 완성하시오.

주5. □儡   (   )

주6. 蹂□   (   )

※ 다음 □안에 反義字를 넣어 한자어를 완성하시오.

주7. 動□   (   )

주8. 勤□   (   )

연습문제 1회

※ 다음 漢字를 簡體字로 쓰시오.

주9. 禮儀　　　(　　　　　)

주10. 誇張　　　(　　　　　)

과목2. 한자의 활용

※ 다음 漢字語의 짜임을 쓰시오.

주11. 遙遠　　　(　　　관계)

주12. 癡情　　　(　　　관계)

※ 다음 설명하는 단어를 漢字로 쓰시오.

주13. 휘황 : 광채가 나서 눈부시게 번쩍임　　　(　　　　　)

주14. 참호 : 야전에서 몸을 숨기면서 적과 싸우기 위하여 방어선을 따라 판 구덩이
　　　　　　　　　　　　　　　　　　　　　　　　　　　(　　　　　)

※ 다음 문장의 밑줄 친 단어를 문맥에 맞게 漢字로 쓰시오.

주15. 우리학교가 우수학교로 선정되었다.　　　(　　　　　)

주16. 그 영화는 너무 선정적이어서 외설 논란에 휩싸였다.　　　(　　　　　)

※ 다음 한자어의 속뜻을 쓰시오.

주17. 寒畯 : (　　　　　　　　　　)

주18. 領袖 : (　　　　　　　　　　)

※ 다음 글을 읽고 물음에 답하시오.

> 戰鬪責任者였던 마속이 諸葛亮의 指施를 어기고 자기의 얕은 생각으로 戰鬪를 하다 慘敗를 가져왔다. 마속은 優秀한 將帥요, 諸葛亮과는 ㉠문경지교를 맺은 마량의 아우였지만 諸葛亮은 ㉡눈물을 머금고 마속의 목을 벤 뒤 將兵들에게 말하였다. "손무가 싸워 항상 이길 수 있었던 것은 軍律을 分明히 했기 때문이다. 이같이 어지러운 世上에 戰爭을 始作한 처음부터 軍律을 無視하게 되면 어떻게 敵을 平定할 수 있겠는가?"

주19. ㉠을 漢字로 쓰시오.　　　　　　　　　　　　　(　　　　　　　)

주20. ㉡의 내용에 해당하는 성어를 漢字로 쓰시오.　　(　　　　　　　)

주21. 위 글에서 한자어 표기가 바르지 않은 부분을 찾아 바르게 고쳐 쓰시오.
　　　　　　　　　　　　　　　　　　　　　　　　(　　　　→　　　　)

※ 다음 글을 읽고 물음에 답하시오.

> 민심을 수람하고 정무를 보살피기에 잠시도 편안함이 없음을 이르는 말로서, 중국의 주공이 식사 때나 목욕할 때 내객이 있으면 먹던 것을 뱉고, 감고 있던 머리를 거머쥐고 영접하였다는 데서 유래한다.

주22. 윗글에서 유래한 성어를 漢字로 쓰시오.　　　　(　　　　　　　)

※ 다음 문장을 읽고 물음에 답하시오.

> 靈山에서 설법하던 부처님께서 꽃 한 송이를 집어 들고 무리에게 보이자, 모두들 그 뜻을 몰랐으나 오직 ㉠迦葉만이 환하게 미소 지으므로 그에게 불교의 진리를 주었다고 하는 데서 유래한다. '㉡꽃을 집어 들고 웃음을 띠다.'란 뜻으로, 말로 하지 않고 ㉢마음에서 마음으로 전(傳)하는 일을 이르는 말이다.

주23. ㉠의 독음을 쓰시오.　　　　　　　　　　　　(　　　　　　　)

주24. 밑줄 친 ㉡의 뜻에 해당하는 성어를 漢字로 쓰시오.　(　　　　　　　)

주25. 밑줄 친 ㉢의 뜻에 해당하는 성어를 漢字로 쓰시오.　(　　　　　　　)

과목3. 한자와 한문

※ 다음 漢詩를 읽고 물음에 답하시오.

> (가) 旅夢啼鳥喚　歸思繞春樹
>   　　落花滿空山　何處故(㉠)路
>
> (나) 獨在異(㉡)爲異客　每逢㉢가절倍思親
>   　　遙知兄弟登高處　遍插茱萸少一人

주26. (가)와 (나)의 공통된 주제에 어울리는 사자성어를 漢字로 쓰시오.
　　　　　　　　　　　　　　　　　　　　　　　(　　　　　)

주27. ㉠과 ㉡에 공통으로 들어갈 漢字를 쓰시오.　　(　　　　　)

주28. ㉢을 漢字로 쓰시오.　　　　　　　　　　　(　　　　　)

※ 다음 글을 읽고 물음에 답하시오.

> 嗚呼 ㉠國恥民辱 乃至於此 我人民 行將殄滅生存競爭之中矣 夫要生者必死 期死者得生 諸公豈不諒只 泳煥 徒以一死 仰報皇恩 以謝我二千萬同胞兄弟 泳煥 死而不死 期助諸君於九泉之下 幸我 ㉡동포兄弟 千萬倍加奮勵 堅乃志氣 勉其學問 結心戮力 復我自由獨立 則死者 當喜笑於㉢冥冥之中矣 嗚呼 勿少失望 訣告我大韓帝國二千萬同胞
> 「閔忠正公遺稿」

주29. 윗글에서 강조하고 있는 덕목을 2음절의 한자어로 쓰시오. (　　　　　)

주30. ㉠과 관련된 역사적사건을 漢字로 쓰시오.　　(　　　　　)

주31. ㉡을 漢字로 쓰시오.　　　　　　　　　　　(　　　　　)

주32. ㉢과 같은 뜻을 지닌 2음절의 한자어를 본문에서 찾아 쓰시오.
　　　　　　　　　　　　　　　　　　　　　　　(　　　　　)

※ **다음 글을 읽고 물음에 답하시오.**

> 范益謙㉠좌우명曰 一不言朝廷利害邊報㉡差除 二不言州縣官員長短得失 三不言衆人所作過惡之事 四不言仕進官職趨時附勢 五不言財利多少厭貧求富 六不言淫媟戲慢評論女色 七不言ⓐ求覓人物 ⓑ干索酒食
> 『明心寶鑑』

주33. ㉠을 漢字로 쓰시오. ( )

주34. ㉡의 뜻을 쓰시오. ( )

주35. 문맥에 맞게 ⓐ, ⓑ의 독음을 차례로 쓰시오. (ⓐ ,ⓑ)

※ **다음 글을 읽고 물음에 답하시오.**

> (가) 次讀(ⓐ) 於求仁爲己 涵養本原之功 一一精思而深體之
>   (중략) 次讀(ⓑ) 於吉凶存亡進退消長之㉠幾 一一觀玩而窮研焉
> (나) 所謂 ㉡산재者 不弔喪 不問疾 ㉢不茹葷 飮酒不得至亂 凡凶穢之事 皆不得預 ㉣若路中猝遇凶穢 則掩目而避 不可視也
> 『擊蒙要訣』

주36. (가)는 독서의 차례를 설명한 것이다. ⓐ와 ⓑ에 들어 갈 서명을 각각 漢字로 쓰시오. (ⓐ ,ⓑ)

주37. ㉠이 뜻하는 2음절의 한자어를 漢字로 쓰시오. ( )

주38. ㉡을 漢字로 쓰시오. ( )

주39. ㉢을 해석하시오. ( )

주40. ㉣을 해석하시오. ( )

※ 다음 글을 읽고 물음에 답하시오.

(가) 事親 有隱而無犯 左右就養 無方 服勤至死 致喪三年
(나) 事(㉠) 有犯而無隱 左右就養 有方 服勤至死 ⓐ方喪三年
(다) 事(㉡) 無犯無隱 左右就養 無方 服勤至死 心喪三年

주41. ㉠과 ㉡에 알맞은 漢字를 차례로 쓰시오.　　　(㉠　　　,㉡　　　)

주42. ⓐ의 뜻을 쓰시오.　　　　　　　　　　　　　　　(　　　　　　)

※ 다음 글을 읽고 물음에 답하시오.

(가) 哀公 問政 子曰 文武之政 布在㉠方策 其人存則其政擧 其人亡則其政息 人道敏政 地道敏(㉡) 夫政也者 蒲盧也 『中庸』
(나) 故 爲政在人 取人以身 修身以道 脩道以仁 仁者人也 親親爲大 義者宜也 尊賢爲大 ㉢親親之殺 尊賢之等 禮所生也 『中庸』

주43. ㉠의 뜻을 쓰시오.　　　　　　　　　　　　　　　(　　　　　　)

주44. ㉡에 들어갈 1음절의 漢字를 쓰시오.　　　　　　(　　　　　　)

주45. ㉢의 독음을 쓰시오.　　　　　　　　　　　　　　(　　　　　　)

※ 다음 글을 읽고 물음에 답하시오.

(가) 伊川先生曰 大學 孔氏之遺書 而初學入德之門也 於今 可見古人爲學次第者 獨賴㉠此篇之存 而其他則未有如論孟者 故學者必由是而學焉 則㉡庶乎其不差矣 『小學』
(나) 讀(㉢)者 但將弟子問處 便作己問 將聖人答處 便作今日耳聞 自然有得 若能於論孟中 深求玩味 將來涵養 成甚生氣質 『小學』

주46. ㉠이 지시하는 書名을 윗글에서 찾아 쓰시오.　　　(　　　　　)

주47. ㉡을 해석하시오.　　　(　　　　　)

주48. ㉢에 알맞은 書名을 漢字로 쓰시오.　　　(　　　　　)

※ **다음 글을 읽고 물음에 답하시오.**

> 古之欲明(㉠)於天下者 先治其國 欲治其國者 先齊其家 欲齊其家者 先修其身 欲修其身者 先正其心 欲正其心者 先誠其意 欲誠其意者 先致其知 致知 在㉡격물　　　『大學』

주49. ㉠에 알맞은 2음절의 한자어를 漢字로 쓰시오.　　　(　　　　　)

주50. ㉡을 漢字로 쓰시오.　　　(　　　　　)

※ **제시된 〈풀이〉에 맞게 (　)안의 한자들을 모두 이용하여 바르게 배열하시오.**

주51. (下 於 惡 所) 毋以事上

　　→ (　　　　　　　)

〈풀이〉 아랫사람에게서 싫었던 것으로써 윗사람을 섬기지 말라.

주52. 此謂 身不修 (可 家 其 不 以 齊)

　　　　→ (　　　　　　　)

〈풀이〉 이것이 '몸이 닦이지 않으면 그 집을 가지런히 할 수 없다' 는 말이다.

주53. 外本內末 (民 施 爭 奪)

　　　　→ (　　　　　　　)

〈풀이〉 근본을 밖으로 하고 末을 안으로 하면, 백성을 다투게 하여 劫奪하는 가르침을 베푸는 것이다.

※ 다음 ○안에 들어갈 漢字·漢字語를 쓰시오.

주54. 古之敎者 家有塾 黨有庠 術(州)有○ 國有學　　　（　　　　　　）

주55. 惟命 不于常 道善則得之 不善則○之矣　　　（　　　　　　）

주56. 王延事親色養 ○則扇枕席 ○則以身溫被　　　（　　　，　　　）

주57. ○者人也 親親爲大 ○者宜也 尊賢爲大　　　（　　　，　　　）

※ 다음 문장 중 밑줄 친 부분을 해석하시오.

주58. <u>笑不至矧</u> 怒不至詈
（　　　　　　　　　　　　　　　）

주59. 若孝子情至 則哭泣 <u>豈有定數哉</u>
（　　　　　　　　　　　　　　　）

주60. 君子 <u>雖貧 不粥祭器</u>
（　　　　　　　　　　　　　　　）

주61. 每日未明而起 <u>盥櫛衣帶</u> 就父母寢所
（　　　　　　　　　　　　　　　）

주62. 武王纘大王王季文王之緖 <u>壹戎衣而有天下</u>
（　　　　　　　　　　　　　　　）

주63. <u>心不在焉 視而不見</u>
（　　　　　　　　　　　　　　　）

주64. <u>人之爲道而遠人 不可以爲道</u>
（　　　　　　　　　　　　　　　）

주65. <u>長國家而務財用者</u> 必自小人矣
（　　　　　　　　　　　　　　　）

※ 다음 한시를 제7차 고등학교 한문 교육과정 내용 체계의 '한시 익히기'에 의거하여 지도하려고 한다.

> 渭城朝雨浥輕塵　客舍靑靑柳色新
> 勸君更進一杯酒　西出陽關無故人

학습목표	지도내용
① 시의 (㉠)을 말할 수 있다.	절구(絶句)와 율시(律詩)를 구분하여 설명한다.
② 시의 (㉡)을 말할 수 있다.	'塵', '新', '人'의 발음상의 공통점을 설명한다.

주66. ㉠에 들어갈 내용을 2음절로 쓰시오.　　　(　　　　　)

주67. ㉡에 들어갈 내용을 2음절로 쓰시오.　　　(　　　　　)

※ 다음 물음에 답하시오.

주68. 당의 國子監을 모방하여 신라의 현실에 맞게 설립한 신라의 관학의 이름을 漢字로 쓰시오.　　　(　　　　　)

주69. 조선시대에 양반자제에서부터 일반 서민들의 자제들에게 기초적인 교육을 실시하던 사설 초등교육 기관의 이름을 漢字로 쓰시오.　　　(　　　　　)

주70. 다음 설명에 해당하는 조선시대 사상가의 이름을 쓰시오.　(　　　　　)

> ㉠ 조선중기의 문신으로 서경덕의 학설을 이어받아 主氣論을 발전시켰다.
> ㉡ 어머니 申師任堂은 대표적인 현모양처로 칭송받고 있다.
> ㉢ 『擊蒙要訣』, 『聖學輯要』 등을 저술하였다.

2회 국가공인 한자·한문지도사 1급 연습문제

● 객관식 (30문항)

과목1. 한자의 기초

※ 다음 물음에 답하시오.

1. 다음은 漢字體의 변천과정을 나타낸 그림이다. ㉠과 ㉡에 알맞은 것은?

甲骨文	㉠	小篆	㉡	楷書
高	高	高	高	高

① ㉠-金文, ㉡-隷書　　② ㉠-行書, ㉡-草書
③ ㉠-金文, ㉡-行書　　④ ㉠-隷書, ㉡-金文

2. 다음은 부수가 변형된 형태로 사용된 한자들이다. 부수의 원형과 그 뜻이 바르지 않은 것은?
① 罔 : 网(그물)　　② 爭 : 瓜(오이)
③ 陌 : 阜(언덕)　　④ 脚 : 肉(살, 몸)

3. 다음 중 밑줄 친 한자의 음이 다른 것은?
① 頻<u>數</u>　　② 額<u>數</u>　　③ <u>數</u>遞　　④ <u>數</u>尿症

※ 다음을 읽고 물음에 답하시오.

> 이 한자는 '萌'과 같은 뜻을 지닌다. 說文에 따르면 '從艸牙聲'이라 한다. 艸部에 속하며, 形聲字이다. ㉠麥○등의 漢字語에 활용한다.

4. 위 글에서 설명하는 漢字로 단어를 만들 때, 바르지 않은 것은?
① 萌○　　② 發○　　③ 摘○　　④ ○城

5. ㉠의 簡體字 표기가 바른 것은?
① 寿　　② 来　　③ 麦　　④ 丧

과목 2. 한자의 활용

※ 다음 물음에 답하시오.

6. 다음 중 漢字語의 짜임이 나머지 셋과 다른 하나는?
   ① 衾枕   ② 島嶼   ③ 塵埃   ④ 躬行

7. 다음 중 한자어의 독음이 바르지 않은 것은?
   ① 棠軒: 상헌   ② 邂逅: 해후   ③ 輕勘: 경감   ④ 鹿茸: 녹용

8. 다음 중 한자성어의 표기가 바른 것은?
   ① 群雄割居   ② 糟糠之妻   ③ 風餐路宿   ④ 臥薪相膽

9. 다음 중 한자어의 뜻이 바르지 않은 것은?
   ① 濫觴 : 사물의 처음이나 기원
   ② 錨地 : 농사를 짓기에 적절한 곳
   ③ 轍環 : 수레를 타고 돌아다님
   ④ 輻輳 : 한곳으로 많이 몰려듦

10. 다음 (가)와 (나)의 ○안에 들어갈 漢字語로 구성된 (다)의 뜻을 가진 成語는?

    (가) 옛날에 '○○'라는 이름을 가진 사람이 있었는데, 그가 앞으로 가려고 손을 앞으로 내밀면 발이 따라가 주지 않고 오른쪽으로 가려고 하면 왼쪽으로 발이 향하는 것이었다.

    (나) 莊子는 통치자가 "백성을 다스리는 데 ○○하지 말라"는 말을 했다. 여기서 그가 말한 '○○'의 의미는 경솔하고 말과 행동이 겉돈다는 뜻이 담겨져 있었다.

    (다) 이리저리 흩어지고 찢기어 갈피를 잡을 수 없는 일, 곧 체계가 없이 마구 흩어져 갈피를 잡을 수 없음을 뜻하는 말이다.

    ① 支離滅裂   ② 狂蕩之人   ③ 塗炭之苦   ④ 寡廉鮮恥

과목3. 한자와 한문

※ 다음 글을 읽고 물음에 답하시오.

> 尹淮少時 有鄕里之行 暮㉠投逆旅 主人不許宿 坐於庭畔 主人兒持大眞珠出來 落於庭中 旁有白鵝 卽呑之 ㉡俄而主人索珠不得 疑公竊取 縛之 朝將告官 公不與辨 只云彼鵝亦繫吾傍 明朝珠㉢從鵝後出 主人慚謝曰 昨何不言 公曰 昨㉣若言之 則主人必剖覓珠 故忍辱而待
> 『國朝名臣錄』

11. ㉠~㉣을 우리말로 풀이 할 때 적절하지 않은 것은?
① ㉠-투숙하다 ② ㉡-이윽고 ③ ㉢-따라가다 ④ ㉣-만일

12. 윗글에서 알 수 있는 내용이 아닌 것은?
① 지혜를 발휘하여 거위를 살렸다.
② 주인공의 생명을 아끼는 마음을 엿볼 수 있다.
③ 결과적으로 구슬도 찾고 거위도 살렸다는 것이 핵심이다.
④ 주인은 끝까지 반성하지 않았다.

※ 다음 글을 읽고 물음에 답하시오.

> (가) 周禮 大司徒以鄕三物 敎萬民而㉠賓興之 一曰 六德 知仁聖義忠和 二曰 六行 孝㉡友睦婣任恤 三曰 六藝 禮樂(ⓐ)
>
> (나) 以鄕八刑 糾萬民 一曰不孝之刑 二曰不睦之刑 三曰不婣之刑 四曰 不㉢弟之刑 五曰不㉣任之刑 六曰不恤之刑 七曰㉤造言之刑 八曰亂民之刑

13. ㉠~㉣의 뜻으로 적절하지 않은 것은?
① ㉠: 예우하여 등용함
② ㉡: 형제간에 사이가 좋음
③ ㉢: 동생을 사랑함
④ ㉣: 친구 간의 신의가 있음

14. ⓐ에 알맞은 것은?
① 射御書數 ② 詩書文章 ③ 詩書書數 ④ 春秋周易

15. ㉣의 예로 적절한 것은?
    ① 言語道斷   ② 說往說來   ③ 言中有骨   ④ 流言蜚語

※ 다음 漢詩를 읽고 물음에 답하시오.

> (가) 日入㉠投孤店   山深不掩扉
>   鶴鳴問前路   黃葉向人飛
> (나) 秋淨長湖碧玉流   荷花深處係蘭舟
>   逢郎隔水投蓮子   恐被人知半日羞
> (다) ㉡帶雨鋤禾伏畝中   形容醜黑豈人容
>   王孫公子㉢休輕侮   富貴豪奢出㉣自儂

16. (가)의 계절적 배경은?
    ① 봄   ② 여름   ③ 가을   ④ 겨울

17. (나)에서 느낄 수 있는 주된 정서는?
    ① 수줍음   ② 서러움   ③ 두려움   ④ 처량함

18. (다)의 주제로 적절한 것은?
    ① 비 오는 날의 정경   ② 사치하지 말라
    ③ 농부를 천대하지 말라   ④ 겉모습만으로 사람을 판단하면 안 된다

19. ㉠~㉣의 밑줄 친 시어의 해석으로 바른 것은?
    ① ㉠ : 던지다   ② ㉡ : 비를 맞다
    ③ ㉢ : 휴식하다   ④ ㉣ : 스스로

※ 다음은 擊蒙要訣을 구성하고 있는 장을 열거한 것이다. 물음에 답하시오.

> 立志, 革舊習, 持身, 讀書, ㉠事親, 喪制, 祭禮, 居家, 接人, (㉡)

20. 밑줄 친 ㉠과 연관성이 가장 깊은 문장은?
    ① 君子 憂道 不當憂貧
    ② 凡接人 當務和敬 年長以倍 則父事之
    ③ 先讀小學 於事親敬兄忠君弟長隆師親友之道 一一詳玩而力行之
    ④ 王延 隆冬盛寒 體無全衣 而親極滋味 令人感歎流涕也

21. ㉡에 들어갈 알맞은 것은?
   ① 處世   ② 爲政   ③ 誠意   ④ 正心

※ 다음 글을 읽고 물음에 답하시오.

> (가) 子曰 父母在 不遠遊 遊必有㉠方
>
> (나) 子曰 父命召 ㉡唯而不諾 食在口則(ⓐ)之
>
> (다) 孝順 還生孝順子 忤逆 還生忤逆兒 不信 但看㉢簷頭水 點點滴滴不㉣差移
> 『明心寶鑑』

22. (가)와 (나)의 공통적인 주제로 적절한 것은?
   ① 孝行   ② 格物   ③ 治國   ④ 中庸

23. ㉠~㉣의 의미로 적절하지 않은 것은?
   ① ㉠ - 방법
   ② ㉡ - 빨리 대답함
   ③ ㉢ - 처마
   ④ ㉣ - 어긋나다

24. (다)의 주제로 적절한 것은?
   ① 우물 안 개구리
   ② 업은 아이 삼년 찾는다.
   ③ 돌다리도 두드려 보고 건너라.
   ④ 콩 심은 데 콩 나고 팥 심은 데 팥 난다.

25. ⓐ에 들어갈 한자로 알맞은 것은 ?
   ① 呑   ② 吐   ③ 嚼   ④ 哺

※ 다음 물음에 답하시오.

26. 다음 중 원효(元曉)의 교육 사상과 거리가 먼것은?
   ① 唯心緣起   ② 薰習   ③ 定慧雙修   ④ 和諍

27. 조선의 과거제도에 대한 설명으로 적절하지 않은 것은?
   ① 크게 문과, 무과, 잡과로 나눌 수 있다.
   ② 정기시험으로 謁聖試가 있었다.
   ③ 부정기시험으로 增廣試, 別試 등이 있었다.
   ④ 생원·진사시는 성균관 입학시험의 성격을 지녔다

28. 한자·한자어의 지도방법으로 적절하지 않은 것은?
    ① 부수 중심 지도법　　　② 구조 분석법
    ③ 조어 분석법　　　　　④ 역할 놀이 학습법

29. 한자·한자어의 특징으로 적절하지 않은 것은?
    ① 의미가 명확하다.　　　② 음절(音節)이 간결하다.
    ③ 자획(字劃)이 간략하다.　④ 전고성(典故性)이 강하다.

30. 다음에 설명하고 있는 것은?

    (가) 다양한 교육과 학습경험을 종합적으로 누적·기록 관리하고 인증한다.
    (나) 국민의 평생교육, 특히 취업자의 계속 교육을 촉진에 기여한다.
    (다) 일종의 '국민종합교육학습기록부' 라 할 수 있다.

    ① 학습계좌제　　② 학점은행제　　③ 직업능력인증제　④ 독학학위제

과목 1. 한자의 기초

※ 다음 표를 보고 물음에 답하시오.

金文	설명
(그림)	하늘을 날던 새가 땅에 내려앉음을 가리켜서 땅에 '이르다'는 뜻의 부수 글자

주1. 위에서 설명하는 漢字는?　　　　　　　　　　　　　(　　　　　)

주2. 위에서 설명하는 漢字를 부수로 하는 漢字를 두 개만 쓰시오.
　　　　　　　　　　　　　　　　　　　　　　　　(　　　,　　　)

※ 다음 물음에 답하시오.

주3. '浮'와 어휘를 이룰 수 있는 反對字를 漢字로 쓰시오. (　　　　　)

주4. '解'와 어휘를 이룰 수 있는 類義字를 漢字로 쓰시오. (　　　　　)

※ 다음 □안에 공통으로 들어가 각각 다른 의미로 사용되는 漢字를 쓰시오.

주5. (　　　　　)

┌───┐
│ ㉠ 瀑□ : 물이 곧장 쏟아져 내리는 높은 절벽　　　　　　│
│ ㉡ □施 : 자비심으로 남에게 재물이나 불법을 베풂　　　│
└───┘

주6. (　　　　　)

┌───┐
│ ㉠ □弱 : 힘이 쇠하고 약함　　　　　　　　　　　　　　│
│ ㉡ 斬□ : 아버지나 할아버지의 喪에 입는 옷　　　　　　│
└───┘

※ 다음은 多音字이다. 두 가지 훈음을 각각 쓰시오.

주7. 更 : (①   , ②   )

주8. 降 : (①   , ②   )

※ 다음 漢字를 簡體字로 쓰시오.

주9. 營養 :   (   )

주10. 艱難 :   (   )

과목2. 한자의 활용

※ 다음 □안에 공통으로 들어갈 漢字를 쓰시오.

주11. 委□   □望   唆□   (   )

주12. 野□   □陋   □諺   (   )

※ 다음 문장의 밑줄 친 단어를 문맥에 맞게 漢字로 쓰시오.

주13. 갑작스런 폭설로 공사가 지연되었다.   (   )

주14. 혈연이나 지연보다 실력이 우선하는 사회가 되어야 한다. (   )

※ 설명에 맞게 의미가 서로 비슷한 한자끼리 결합하여 이루어진 단어를 漢字로 쓰시오.

주15. (   ) : 세상이 처음으로 생겨 열림

주16. (   ) : 두려워서 마음이 거북스러움

※ 다음 문장을 읽고 물음에 답하시오.

> 海岸변방에 設置하여 큰 規模의 병력으로 外賊의 侵入을 ㉠防禦하던 군사 駐屯地域을 '鎭'이라 하고, '鎭'보다 規模가 작은 병력이 머물던 곳을 '㉡보', 흙이나 돌로 높이 쌓은 군사 施設物로 肖所나 ㉢要塞 같은 곳을 '㉣墩臺'라 한다.

주17. ㉠의 反義語를 漢字로 쓰시오. (   )

주18. ㉡을 漢字로 쓰시오. (   )

주19. ㉢의 짜임을 쓰시오. (관계)

주20. ㉣의 독음을 쓰시오. (   )

주21. 위 글에서 한자표기가 바르지 않은 부분을 찾아 바르게 고쳐 쓰시오.
(→   )

※ 다음 주어진 문장과 의미가 통하는 成語를 漢字로 쓰시오.

주22. (   )

> (가) 외손뼉은 울리기 어렵다.
> (나) 맞서는 사람이 없으면 싸우기 어렵다.

※ 다음 글을 읽고 물음에 답하시오.

> ㉠충성을 다하고 온힘을 다해 섬기던 유방에게 죽임을 당할 처지에 몰린 한신은 이렇게 말했다. "과연 사람들의 말과 같도다. ㉡교활한 토끼가 죽고 나면 사냥개도 잡혀 삶아지며, 높이 나는 새도 다 잡히고 나면 좋은 활도 광에 들어가며, 적국이 타파되면 모신도 망한다. 천하가 평정되었으니 나도 마땅히 팽 당함이로다."

주23. ㉠의 의미를 지닌 사자성어를 漢字로 쓰시오. (   )

주24. ㉡을 漢字로 쓰시오. (   )

주25. 윗글은 어떤 사자성어와 관련된 이야기의 일부이다. 해당하는 사자성어를 漢字로 쓰시오. (   )

과목3. 한자와 한문

※ 다음 漢詩를 읽고 물음에 답하시오.

> 天步西門遠　東宮北地危
> 孤臣憂國日　壯士㉠수훈時
> 誓海魚龍動　盟山草木知
> 讐夷如盡滅　㉡雖死不爲辭

주26. 이 시의 역사적 배경이 되는 사건을 漢字로 쓰시오.　（　　　　　）

주27. 위 시의 주제를 나타내기 적당한 성어를 漢字로 쓰시오.　（　　　　　）

주28. ㉠을 漢字로 쓰시오.　（　　　　　）

주29. ㉡을 해석하시오.　（　　　　　）

※ 다음 글을 읽고 물음에 답하시오.

> (가) ㉠行年七十　作嬰兒戲　身著五色斑斕之衣　嘗取水上堂　詐跌
> 仆臥地　爲小兒啼　　　　　　　　　　　　　　　　『小學』
> (나) 哀痛父非命　於是　隱居教授　三徵七辟　皆不就　廬于墓側　旦
> 夕　常至墓所　拜跪　攀柏悲號　涕淚著樹　樹爲之枯　讀詩　至哀
> 哀父母生我劬勞　未嘗不三復流涕　門人受業者㉡並廢蓼莪之篇
> 『小學』
> (다) 武王伐紂　伯夷叔齊叩馬而諫　㉢左右欲兵之　太公曰　此（㉣）
> 人也　扶而去之　　　　　　　　　　　　　　　　　『小學』

주30. (가)와 (나)에서 공통적으로 강조하고 있는 덕목을 1음절의 漢字로 쓰시오.
（　　　　　）

주31. ㉠에서 유래한 성어를 漢字로 쓰시오.　（　　　　　）

주32. ㉡과 같이 행동한 이유를 쓰시오.（　　　　　）

주33. ㉢을 해석하시오.　（　　　　　）

주34. ㉣에 들어갈 1음절의 漢字를 쓰시오.　（　　　　　）

※ 다음 글을 읽고 물음에 답하시오.

> (가) 今之學者 外雖矜持 而㉠內鮮篤實 夫婦之間 ㉡衽席之上 多
> 縱情慾 失其威儀 故 夫婦不相昵狎而能相敬者甚少 如是而
> 欲修身正家 ㉢不亦難乎 必須夫和而制以義 妻順而承以正 夫
> 婦之間 不失(ⓐ)敬然後 家事 可治也 ㉣若從前相狎 而一朝
> 遽欲相敬 其勢難行 須是與妻相戒 必去前習 漸入於禮 可也
> 妻若見我發言持身 一出於正 則必漸相信而順從矣
>
> (나) 生子 自稍有知識時 當導之以善 ㉤若幼而不敎 至於旣長 則
> 習非放心 敎之甚難 敎之之序 當依小學 大抵一家之內 (ⓑ)
> 法興行 簡編㉥필묵之外 無他雜技 則子弟亦無外馳畔學之患矣

주35. ㉠을 해석하시오.
(   )

주36. ㉡의 뜻을 쓰시오.   (   )

주37. ㉢을 해석하시오.
(   )

주38. ⓐ와 ⓑ에 공통으로 들어 갈 漢字를 쓰시오.   (   )

주39. ㉣을 해석하시오.
(   )

주40. ㉤에 어울리는 속담을 쓰시오.   (   )

주41. ㉥을 漢字로 쓰시오.   (   )

※ 다음을 읽고 물음에 답하시오.

주42. 『大學』의 三綱領을 각각 漢字로 쓰시오.   (,   ,   )

주43. 다음 빈칸에 들어갈 書名과 人名을 漢字로 쓰시오.(,   )

> 『大學』과 『中庸』은 원래 (   )의 한 篇名에 불과했던 것을 (   )
> 가 분리하여 주석을 달아 두 권의 책으로 만들었다.

※ 다음 글을 읽고 물음에 답하시오.

(㉠) 自號 古山子 素多巧藝 癖於輿地學 博考廣蒐 嘗作地球圖 又作大東輿地圖 能畵能刻 印布于世 詳細精密 ㉡古今無比 又輯東國輿地考十卷 未及㉢탈고而沒 甚可惜也

주44. ㉠에 알맞은 인물의 이름을 쓰시오.　　　　　　　　(　　　　　　)

주45. ㉡을 해석하시오.　　　　　　　　(　　　　　　)

주46. ㉢을 漢字로 쓰시오.　　　　　　　　(　　　　　　)

※ 다음 글을 읽고 물음에 답하시오.

(가) 天下之達道五 所以行之者三 曰君臣也 父子也 夫婦也 ㉠곤제也 朋友之交也五者 天下之達道也 知(㉡)勇三者 天下之達(ⓐ)也 所以行之者 一也　　　　　『中庸』

(나) 詩曰 不顯惟(ⓑ) ㉢百辟其刑之 是故 君子 篤恭而天下平
　　　　　　『中庸』

주47. ㉠을 漢字로 쓰시오.　　　　　　　　(　　　　　　)

주48. ㉡에 알맞은 漢字를 쓰시오.　　　　　　　　(　　　　　　)

주49. ㉢의 뜻을 쓰시오.　　　　　　　　(　　　　　　)

주50. ⓐ와 ⓑ에 공통으로 들어갈 漢字를 쓰시오.　　　　　　　　(　　　　　　)

※ 제시된 <풀이>에 맞게 (　　)안의 한자들을 모두 이용하여 바르게 배열하시오.

주51. (其 亂 者 治 而 本 末) 否矣

→ (　　　　　　　　　　)

<풀이> 그 근본이 어지럽고서 끝이 다스려지는 자는 없으며

주52. (身 鵠 求 其 反 失 正 諸 諸)

→ (　　　　　　　　　　)

〈풀이〉활을 쏘아 정곡을 잃으면 자기 몸에 돌이켜 찾는다.

주53. (所 所 惡 惡 人 人 之 之 好 好)

→ (　　　　　　　　　　)

〈풀이〉남이 미워하는 것을 좋아하고 남이 좋아하는 것을 싫어한다.

※ 다음 ○안에 들어갈 漢字·漢字語를 쓰시오.

주54. 今天下 車同○ 書同○ 行同倫　　　　　　　(　　,　　)

주55. 質諸○○而無疑 知天也　　　　　　　　　　(　　,　　)

주56. 十○所視 十○所指 其嚴乎　　　　　　　　(　　,　　)

주57. 仲尼曰 君子中庸 小人○中庸　　　　　　　(　　　)

※ 다음 문장에서 밑줄 친 부분을 해석하시오.

주58. 君子 <u>素其位而行</u> 不願乎其外
(　　　　　　　　　　　　　　　　　　　　　　)

주59. 詩曰 <u>周雖舊邦 其命維新</u>
(　　　　　　　　　　　　　　　　　　　　　　)

주60. <u>先生召 無諾 唯而起</u>
(　　　　　　　　　　　　　　　　　　　　　　)

주61. <u>殷之未喪師 克配上帝</u>
(　　　　　　　　　　　　　　　　　　　　　　)

주62. 詩曰 <u>在彼無惡 在此無射 庶幾夙夜 以永終譽</u>
(　　　　　　　　　　　　　　　　　　　　　　)

주63. 惟命不于常 <u>道善則得之 不善則失之矣</u>
(　　　　　　　　　　　　　　　　　　　　　　)

주64. 顏淵曰 舜何人也 予何人也 有爲者亦若是 我亦當以顏之希舜爲法
 (   )

주65. 若父則遊目 毋上於面 毋下於帶
 (   )

※ 다음 표를 읽고 물음에 답하시오.

학습목표 : 문장형식에 맞게 주로 활용되는 한자를 알고 설명할 수 있다.		
형식	설명	활용한자
사동형	남에게 어떤 동작을 하게함	使, 令, 敎
가정형	'만약 ~면 ~한다' 또는 '비록 ~라도 ~하다' 등의 가정의 뜻을 나타냄	(㉠)
한정형	'~할 뿐이다'. '~할 따름이다' 등의 뜻을 나타냄	(㉡)

주66. ㉠에 알맞은 漢字를 두 개만 쓰시오.   (,   )

주67. ㉡에 알맞은 漢字를 두 개만 쓰시오.   (,   )

※ 다음 물음에 답하시오.

주68. 박세무가 가문의 자제를 가르치기 위해 편찬한 것으로 오륜(五倫)을 서술한 경부(經部)와 역사적 사론을 전개하고 있는 사부(史部)로 구성된 책의 書名을 쓰시오.   (   )

주69. 국가에 공이 있는 인물이나 선현의 위패를 모시는 사우(祠宇)와 강학소로서의 서재(書齋) 혹은 정사(精舍)가 결합된 사설 교육기관으로, 17세기 이후 붕당(朋黨)을 조장하기도 했던 기관을 漢字로 쓰시오.   (   )

주70. 다음에 설명하는 인물의 이름을 쓰시오.   (   )

> 조선후기 대표적인 실학사상가로, '훈고학, 문장학, 과거학, 술수학이 인격수양을 가로막는 학문이다.' 라고 비판했다. 대표적인 저서로는 『牧民心書』, 『經世遺表』등이 있다.

3회 국가공인 한자·한문지도사 1급 연습문제

● 객관식 (30문항)

과목1. 한자의 기초

※ 다음을 읽고 물음에 답하시오.

> 會意란 서로 다른 글자 의미를 합해서 이루어진 한자를 말한다. 休, 明, 昏 등의 예가 있다.
> (人+木=休, 日+月=明, 氏+日=㉠昏)

1. 다음 중 會意에 속하는 漢字는?
   ① 鳴　　② 響　　③ 速　　④ 恨

2. ㉠과 부수가 같은 漢字는?
   ① 底　　② 昱　　③ 畏　　④ 最

3. 다음 중 밑줄 친 한자의 음이 다르게 쓰인 것은?
   ① 拒<u>否</u>　　② <u>否</u>認　　③ <u>否</u>塞　　④ 與<u>否</u>

※ 다음 六書에 관한 설명을 읽고 물음에 답하시오.

> ㉠ 이미 만들어진 글자를 결합하여 새로운 뜻을 나타내되, 일부는 뜻을 일부는 음을 나타내는 글자
> ㉡ 추상적인 생각이나 뜻을 점이나 선으로 나타낸 글자

4. 다음 중 ㉠과 ㉡의 설명에 해당하는 漢字의 예로 바른 것은?
   ① ㉠請-㉡征　② ㉠信-㉡森　③ ㉠帳-㉡本　④ ㉠好-㉡末

5. ㉡의 설명에 해당하는 造字원리는?
   ① 象形　　② 形聲　　③ 會意　　④ 指事

과목2. 한자의 활용

※ 다음 물음에 답하시오.

6. 다음 중 漢字語의 짜임이 나머지 셋과 다른 하나는?
① 師傅　　② 曳引　　③ 叱責　　④ 陞級

7. 다음 글 중 ㉠과 비슷한 뜻을 가진 한자어는?

> '鄭瓜亭'은 고려 의종 때 鄭敍가 지은 10구체 형식의 고려가요이다. 유배문학의 ㉠嚆矢이고, 고려가요 중 작자를 알 수 있는 유일한 작품이다.

① 濫觴　　② 諷刺　　③ 諧謔　　④ 奏效

8. 다음 글과 관련이 깊은 성어는?

> (가) 黃河의 나루터는 겨울에 강이 얼면 수레가 안전하게 지나갈 수 있었다. 그러나 사람들은 얼음이 얼기 시작할 때는 섣불리 건너지 못하고 여우를 먼저 건너가게 하였다. 여우가 무사히 강을 다 건너가면 사람들이 비로소 안심하고 수레를 출발하였다고 한다.
> (나) 머뭇거리고 여우처럼 의심하는 내 마음이여, 스스로 가고파도 갈 수가 없네.

① 狐假虎威　　② 狐疑不決　　③ 狐死兎泣　　④ 狐死首丘

9. 다음 중 한자어의 뜻이 바르지 않은 것은?
① 萱堂: 남의 어머니를 높여 이르는 말
② 蒙塵: 임금이 난리를 피하여 안전한 곳으로 떠남
③ 耽溺: 기세나 사조 따위가 맹렬한 기세로 일어나는 것
④ 浚渫: 못이나 개울 따위의 밑바닥에 멘 것을 파냄

10. 밑줄 친 한자어의 쓰임이 바르지 않은 것은?
① 회사에 큰 공을 세운 그를 褒賞하였다.
② 나와 그는 胸襟을 털어 놓는 절친한 사이다.
③ 그는 激昂된 감정을 더 이상 억누르지 못하였다.
④ 그 영화는 猥濫시비로 인해 상영여부가 불투명하다.

과목3. 한자와 한문

※ 다음 물음에 답하시오.

11. 다음 글의 ㉠과 ㉡에 들어갈 단어를 바르게 나열한 것은?

> 物有(㉠) 事有(㉡) 知所先後 則近道矣

① 本末, 終始　② 終始, 本末　③ 先後, 上下　④ 貴賤, 大小

12. 다음 글의 ㉠과 ㉡에 들어갈 漢字를 바르게 나열한 것은?

> 喜怒哀樂之未發 謂之(㉠) 發而皆中節 謂之(㉡) 中也者 天下之大本也 和也者 天下之達道也

① 中, 庸　② 和, 中　③ 中, 和　④ 庸, 中

※ 다음 漢詩를 읽고 물음에 답하시오.

> (가) 廖落古行宮　宮花寂寞紅
> 　　 白頭宮女在　閒坐㉠說玄宗
> (나) 古人西㉡辭黃鶴樓　煙花三月下揚州
> 　　 孤帆遠影碧空盡　惟見長江天際流

13. (가)의 주제로 적절한 것은?
① 錦衣還鄕　② 今昔之感　③ 太平聖代　④ 秋風

14. 문맥상 ㉠의 의미로 적절한 것은?
① 열변을 토하다　② 설득하다
③ 옛 이야기를 하다　④ 대화를 주고받다

15. ㉡의 뜻으로 적절한 것은?
① 양보하다　② 이별하다　③ 부탁하다　④ 벼슬을 그만 두다

16. (나)에서 韻字가 아닌 漢字는?
① 樓　② 州　③ 盡　④ 流

※ 다음 글을 읽고 물음에 답하시오.

> 先讀(㉠) 於事親 敬兄 忠君 弟長 隆師 親友之道 一一詳玩而力行之 次讀(㉡)及或問 於窮理 正心 修己 治人之道 一一眞知而實踐之 次讀(㉢) 於求仁爲己 涵養本原之功 一一精思而深體之 次讀(㉣) 於明辨義利 遏人慾 存天理之說 一一明察而擴充之 次讀㉤中庸 於性情之德 推致之功 位育之妙 一一玩索而有得焉
> 『擊蒙要訣』

17. 윗글의 제목으로 가장 적절한 것은?
① 讀書의 順序　② 修身의 目的　③ 四書의 目的　④ 四書의 由來

18. ㉠~㉣에 들어갈 書名이 알맞게 연결된 것은?
① ㉠: 小學　② ㉡: 論語　③ ㉢: 孟子　④ ㉣: 大學

19. ㉤에 대한 설명으로 적절하지 않은 것은?
① 본래 『禮記』의 한 편이었다.
② 子思가 지었다고 전해지고 있다.
③ 性, 道, 誠 등 형이상학적인 담론이 실려 있다.
④ 三綱領 八條目의 체계로 구성되어 있다.

※ 다음 물음에 답하시오.

20. 다음은 『擊蒙要訣』에 대한 설명이다. 틀린 것은?
① '擊蒙'의 사전적 의미는 "어리석고 사리에 어두운 어린이들을 일깨움"이다.
② 조선시대 退溪 李滉이 지은 책이다.
③ 아동용 기초한문 교재로 인간성 회복과 도덕성 함양에 적합하게 엮어져 있다.
④ 1개의 序文과 10개의 章으로 구성되어 있다.

21. 다음은 『大學』에 대한 설명이다. 틀린 것은?
① 본래 『周易』의 한 편이었다.
② 序文은 朱子가 지었다.
③ 주요 내용은 三綱領과 八條目이다.
④ 八條目은 格物·致知·意誠·正心·修身·齊家·治國·平天下이다.

※ 다음 글을 읽고 물음에 답하시오.

> 人性本善 無古今智愚之殊 聖人 何故獨爲聖人 我則何故獨爲衆人耶 ㉠良由志不立 知不明 行不篤耳 志之立 知之明 行之篤 皆在我耳 ㉡豈可他求哉 顔淵曰 舜何人也 予何人也 有爲者 亦若是 我亦當以顔之希舜爲法
> 『擊蒙要訣』

22. 윗글에 대한 설명으로 적절하지 않은 것은?
① 누구나 성인이 될 수 있다.
② 순임금은 성인이라 할 수 있다.
③ 안연은 겸손해서 성인이 되기를 사양했다.
④ 성인이 되기 위해서는 세 가지 조건이 만족해야 한다.

23. ㉠의 뜻으로 적절한 것은?
① 잠시 ② 어질다 ③ 진실로 ④ 아름답다

24. ㉡의 문장형식으로 적절한 것은?
① 의문형 ② 피동형 ③ 사역형 ④ 반어형

※ 다음 글을 읽고 물음에 답하시오.

> 君子之中庸也 君子而(㉠) 小人之中庸也 小人而無忌憚也
> 『中庸』

25. ㉠에 알맞은 한자어는?
① 時中 ② 道德 ③ 仁義 ④ 不惑

※ 다음 물음에 답하시오.

26. 다음 중 조선의 교육과 관련이 없는 것은?
① 成均館 ② 四學 ③ 鄕校 ④ 讀書三品科

27. '六書' 지도와 관련하여 바른 설명은?
    ① 학생들이 모든 글자를 '육서'의 기준으로 구별할 수 있도록 지도한다.
    ② 회의(會意)는 음(音)과 형(形)의 짜임학습을 통하여 음과 뜻을 유추할 수 있으므로 한자 학습의 흥미를 높일 수 있다.
    ③ 전주(轉注)는 외래어 표기법과 관련되었으므로 다양한 실례를 들어 흥미를 높일 수 있다.
    ④ 한자의 구성 원리인 '육서'를 통해서 한자를 흥미롭게 배우게 하는 것이 '육서'를 지도하는 목적이다.

28. 한자·한문에 대한 이해로 바르지 않은 것은?
    ① 우리 전통문화의 모습이 담겨있다.
    ② 동아시아 문화를 이해하는데 도움이 된다.
    ③ 한글 창제와 함께 한자의 활용도가 급격히 감소했다.
    ④ 컴퓨터를 비롯한 각종 문명 이기의 발달로 한자의 비능률성이 극복되고 있다.

29. 한자·한문교육의 교수·학습계획시 유의사항으로 적절하지 않은 것은?
    ① 학생들의 다양한 욕구·흥미·적성 등을 반영한다.
    ② 가정·사회·국가 수준의 다양한 요구도 수용해야 한다.
    ③ 미래 정보화·세계화·다양화 시대를 대비하여 계획한다.
    ④ 한자문화권이 아닌 국가들의 역사·문화·사상에 대한 언급은 계획에서 배제한다.

30. 교수·학습 자료를 선정할 때 고려해야 할 사항으로 적절하지 않은 것은?
    ① 컴퓨터통신 또는 멀티미어 등을 활용한다.
    ② 카드, 융판, 괘도, O.H.P 등 다양한 자료를 활용한다.
    ③ 한자학습의 특성상 획일적인 강의가 필요하므로 교수자 중심으로 활용 가능한 자료를 준비한다.
    ④ 선진 한국인을 양성하는 데 도움이 되고, 일상생활에 활용도가 높은 것으로 선정한다.

과목1. 한자의 기초

※ 다음 표를 보고 물음에 답하시오.

(㉠)	金文	小篆

주1. 漢字體의 變遷과정을 생각할 때 ㉠에 알맞은 서체를 漢字로 쓰시오.
(   )

주2. 위 내용에 해당하는 漢字를 쓰시오.   (   )

※ 다음 물음에 답하시오.

주3. 다음 글은 六書 중 하나를 설명한 것이다. ㉠에 알맞은 어휘를 漢字로 쓰시오.
(   )

(㉠)者 視而可識 察而可見 上下是也

주4. 다음 간체자로 이루어진 중국어 문장 중 ㉠을 繁體字로 쓰시오.
(→   )

㉠虽然没有几天, 我想从远方来到这里肯定有大大小小的困难于不便吧.
(며칠 안 되었지만, 먼 곳에 와서 크고 작은 어려움과 불편함이 있으시겠지요.)

※ 다음 □에 공통으로 들어가 각각 다른 의미로 사용되는 漢字를 쓰시오.

주5. (   )

㉠ 嗚□ : 목이 메어 욺
㉡ □喉 : 식도와 기도를 통하는 입속 깊숙한 곳

주6. (   )

㉠ 車□ : 수레의 바퀴살
㉡ □射 : 물체로부터 열이나 전자기파가 사방으로 방출됨

※ 다음 □안에 反義字를 넣어 한자어를 완성하시오.

주7. 凹□ :　　　(　　　　　)

주8. 嫡□ :　　　(　　　　　)

※ 다음 □안에 類義字를 넣어 한자어를 완성하시오.

주9. □怠　　　(　　　　　)

주10. □逅　　　(　　　　　)

과목2. 한자의 활용

※ 다음 漢字語의 짜임을 쓰시오.

주11. 紈袴　　　(　　　　관계)

주12. 出帆　　　(　　　　관계)

※ 다음 문장의 밑줄 친 단어를 문맥에 맞게 漢字로 쓰시오.

주13. 매일 전철로 통근을 한다.　　　　　　　　　　(　　　　　　)

주14. 전과자인 아버지는 아들이 자신과 같은 전철을 밟지 않기를 바랐다.
　　　　　　　　　　　　　　　　　　　　　　　(　　　　　　)

※ 다음에 설명하는 단어를 漢字로 쓰시오.

주15. 엄습 : 뜻하지 아니하는 사이에 습격함　　　　　(　　　　　　)

주16. 갈채 : 외침이나 박수 따위로 찬양이나 환영의 뜻을 나타냄(　　　　　)

※ 다음 주어진 漢字語와 반대의 뜻을 가진 漢字語를 漢字로 쓰시오.

주17. 敏速 ↔ (지둔) (　　　　　)

주18. 淺學 ↔ (석학) (　　　　　)

※ 다음 글을 읽고 물음에 답하시오.

先帝께서는 創業의 뜻을 半도 이루시기 전에 ㉠붕어하시고, 지금 天下는 셋으로 나누어져 있습니다. 게다가 우리 益州는 싸움으로 疲弊해 있으니 이는 실로 나라가 興하느냐, 亡하느냐가 걸린 危急한 때라 할 수 있을 것입니다. 그러하되 ㉡폐하를 곁에서 모시는 臣下는 안에서 게으르지 않고 忠誠된 武士는 밖에서 스스로의 몸을 잊음은, 모두가 先帝의 남다른 待遇를 推慕하여 폐하께 이를 報答하려 함인 줄 압니다.

주19. ㉠을 漢字로 쓰시오.   (   )

주20. ㉡을 漢字로 쓰시오.   (   )

주21. 위 글에서 한자어 표기가 바르지 않은 부분을 찾아 바르게 고쳐 쓰시오.
(→   )

※ 다음 글을 읽고 물음에 답하시오.

평원군이 말했다.
"어진 선비의 처세란 마치 송곳이 주머니 속에 있는 것과 같아서 ㉠그 끝이 주머니를 뚫고 밖으로 나오듯이 금방 세상에 드러나는 것이오. 그런데 선생은 내 집에서 3년 동안이나 기거하셨지만 주변에서 선생을 칭찬하는 말을 나는 한 번도 듣지 못했소."

주22. 윗글은 어떤 사자성어와 관련된 이야기의 일부이다. 해당하는 사자성어를 漢字로 쓰시오.   (   )

주23. ㉠을 뜻하는 2음절의 성어를 漢字로 쓰시오.   (   )

※ 다음 주어진 문장과 의미가 통하는 成語를 漢字로 쓰시오.

주24. (   )

가. 死後藥方文
나. 늦은 밥 먹고 罷場 간다.

주25. (   )

一日之狗 不知畏虎

과목3. 한자와 한문

※ 다음 글을 읽고 물음에 답하시오.

> (가)　（ⓐ）雨細不滴　夜中微有聲
> 　　　㉠<u>雪盡南溪漲</u>　㉡<u>초아多少生</u>
>
> (나)　好雨知時節　當（ⓑ）乃發生
> 　　　隨風潛入夜　潤物細無聲
> 　　　㉢<u>野徑雲俱黑</u>　江船火獨明
> 　　　曉看紅濕處　花重錦官城

주26. ⓐ와 ⓑ에 공통으로 들어갈 漢字를 쓰시오.　（　　　　）

주27. ㉠을 해석하시오.　（　　　　）

주28. ㉡을 漢字로 쓰시오.　（　　　　）

주29. ㉢을 해석하시오.　（　　　　）

※ 다음 글을 읽고 물음에 답하시오.

> (가) 康誥曰如保㉠<u>赤子</u> 心誠求之 ㉡<u>雖不中 不遠矣</u> 未有學養子而后嫁者也
>
> (나) 堯舜㉢<u>帥</u>天下以仁而民從之 ㉣<u>걸주</u>帥天下以暴而民從之 其所令 反其所好 而民不從 是故 君子 ㉤<u>有諸己而後求諸人 無諸己而後非諸人</u> 所藏乎身 不恕 而能喩諸人者未之有也

주30. ㉠의 뜻을 쓰시오.　（　　　　）

주31. ㉡을 해석하시오.　（　　　　）

주32. 문맥상 ㉢의 훈음을 쓰시오.　（　　　　）

주33. ㉣을 漢字로 쓰시오.　（　　　　）

주34. ㉤의 의미를 함축하고 있는 漢字를 본문에서 찾아 쓰시오.（　　　　）

※ 다음 글을 읽고 물음에 답하시오.

> 趙光一 惟自喜爲醫 自號曰針隱 或問曰 以子之能 何不交貴顯 取功名 乃從㉠<u>여항</u>小民遊乎 何其不自重也 趙生笑曰 吾ⓐ<u>疾</u>世之醫挾其術以驕於人 ㉡<u>門外騎相屬</u> 家設酒肉以待 率三四請然後肯往 又所往 非貴勢家 則富家也 若貧而無勢者 或拒以ⓑ<u>疾</u> 或㉢<u>諱以不在</u> 百請而一不起 是豈仁人之情哉 吾所以專遊民間 而不干於貴勢者 懲㉣<u>此輩</u>也 彼貴顯者 寧少吾輩者哉 所哀憐 獨㉤<u>여리</u>窮民耳

주35. ㉠, ㉤을 각각 漢字로 쓰시오. (㉠   , ㉤   )

주36. 문맥상 ⓐ, ⓑ 각각의 뜻을 차례로 쓰시오. (ⓐ   , ⓑ   )

주37. ㉡의 뜻을 지닌 성어를 漢字로 쓰시오. (   )

주38. ㉢을 해석하시오. (   )

주39. ㉣의 인간성을 표현하기에 적절한 漢字를 본문에서 찾아 쓰시오.
(   )

※ 다음 글을 읽고 물음에 답하시오.

> (가) (ⓐ)者 分形連氣之人也 方其幼也 父母 ㉠<u>좌제우설</u> 前襟後裾 食則同案 衣則傳服 學則連業 遊則共方 雖有悖亂之人 ㉡<u>不能不相愛也</u>
>
> (나) 今人 多不知(ⓑ)之愛 且如㉢<u>閭閻小人</u> (중략) 得一衣 必先以衣父母 夫何故 ㉣<u>以父母之體 重於己之體也</u> 至於犬馬 亦然 待父母之犬馬 必異乎己之犬馬也 獨愛父母之子 却輕於己之子 甚者 至若仇敵 擧世皆如此 惑之甚矣   『小學』

주40. ⓐ와 ⓑ에 공통으로 들어갈 2음절의 한자어를 漢字로 쓰시오.
(   )

주41. ㉠을 漢字로 쓰시오. (   )

주42. ㉡을 해석하시오. (   )

주43. ㉢의 뜻을 쓰시오. (   )

주44. ㉣을 해석하시오. (   )

주45. 문맥상 ㉤의 뜻을 쓰시오. (   )

※ **다음 글을 읽고 물음에 답하시오.**

> 萬德者 姓金 ㉠耽羅良家女也 幼失母 無所歸依 託妓女爲生 稍長 ㉡官府籍萬德名妓案 萬德 雖屈首妓於役 其自待不以妓也 年二十餘 以其情 ㉢읍소於官 官矜之 除妓案 ㉣復歸之良 萬德 雖家居乎庸奴 耽羅丈夫 不迎夫 其才 長於殖貨 能時物之貴賤 以廢以居 至數十年 頗以積著名 聖上十九年乙卯 耽羅大飢 民相枕死 於是 萬德 損千金 貿米陸地 諸郡縣棹夫 以時至 萬德 取十之一 以活親族 其餘 盡輸之官 男若女 出而頌㉤萬德之恩 咸以爲活我者萬德

주46. ㉠의 현재 지명을 쓰시오. (   )

주47. ㉡의 이유를 간략히 쓰시오. (   )

주48. ㉢을 漢字로 쓰시오. (   )

주49. ㉣을 해석하시오. (   )

주50. ㉤의 내용을 간략히 쓰시오. (   )

※ **제시된 〈풀이〉에 맞게 (   )안의 漢字들을 모두 이용하여 바르게 배열하시오.**

주51. (恐 旣 仕 失 又 之 後)

→ (   )

〈풀이〉 이미 벼슬에 오른 뒤에는 또 벼슬을 잃을까 걱정한다.

주52. 聽訟吾猶人也 (無 使 必 也 訟 乎)

→ (   )

〈풀이〉 송사를 듣는 것이 내가 다른 사람과 같으나 반드시 송사가 없게 하겠다.

주53. 舜 好問而好察邇言 (善 惡 揚 隱 而)
→ (　　　　　　　　)

〈풀이〉 舜임금은 묻기를 좋아하시고 淺近한 말씀을 살피기 좋아하시되 惡을 숨겨주고 善을 드날리신다.

※ 다음 ○안에 들어갈 漢字를 쓰시오.

주54. 當官之法 唯有三事 曰○ 曰愼 曰勤　　　(　　　　)

주55. 興於詩 立於禮 成於○　　　(　　　　)

주56. 或安而行之 或○而行之 或勉强而行之　　　(　　　　)

주57. 外○內末 爭民施奪　　　(　　　　)

※ 다음 문장 중 밑줄 친 부분을 해석하시오.

주58. 學者必誠心向道 <u>不以世俗雜事亂其志</u> 然後爲學有基址
(　　　　　　　　　　　　　　　　　　　　　　　)

주59. 戶開亦開 戶闔亦闔 <u>有後入者闔而勿遂</u>
(　　　　　　　　　　　　　　　　　　　　　　　)

주60. 桃之夭夭 其葉蓁蓁 <u>之子于歸 宜其家人</u>
(　　　　　　　　　　　　　　　　　　　　　　　)

주61. <u>君使臣以禮 臣事君以忠</u>
(　　　　　　　　　　　　　　　　　　　　　　　)

주62. <u>鳶飛戾天 魚躍于淵</u>
(　　　　　　　　　　　　　　　　　　　　　　　)

주63. 君子有諸己而後求諸人 <u>無諸己而後非諸人</u>
(　　　　　　　　　　　　　　　　　　　　　　　)

주64. 神之格思 <u>不可度思 矧可射思</u>
(　　　　　　　　　　　　　　　　　　　　　　　)

주65. 南容三復白圭 孔子<u>以其兄之子妻之</u>
(　　　　　　　　　　　　　　　　　　　　　　　)

※ 다음 표를 읽고 물음에 답하시오.

짜임	예시
학습목표 : 한자어의 짜임을 알고 설명할 수 있다.	
主述關係	日出, 年少
(㉠)關係	靑山, 必勝
竝列關係	躊(ⓐ), 堪(ⓑ)

주66. ㉠에 알맞은 단어를 漢字로 쓰시오.　　　　　　　　(　　　　　　　　)

주67. ⓐ, ⓑ에 알맞은 漢字를 차례로 쓰시오.　　　(ⓐ　　　　, ⓑ　　　　)

※ 다음을 읽고 물음에 답하시오.

(가) 송나라 여씨 일문에서 시작된 향촌의 자치규율로 유학에서 강조하는 윤리적 원칙들을 일상생활의 수준에서 구현하기 위한 구체적인 지침들로 되어있다.

(나) 양반과 평민은 물론 노비에게까지 유교사상을 보급함으로써 향촌윤리를 확립하고 민중을 교화하고자 하는 사회교육운동이라고 할 수 있다.

(다) 德業相勸, 過失相規, 禮俗相交, (㉠)이라는 네 가지 강목 아래 이러한 원칙을 실현하기 위한 구체적인 세목으로 이루어져 있다.

주68. 위에서 설명하고 있는 것의 명칭을 쓰시오.　　　　　(　　　　　　　)

주69. ㉠에 들어갈 4음절의 한자어를 漢字로 쓰시오.　　　(　　　　　　　)

주70. 위에서 설명하고 있는 것을 주관하여 백성의 사회교육을 담당하였으며, 특히 문묘와 명륜당 등을 갖추어 성균관과 유사한 활동과 행사를 했던 조선시대 교육시설의 명칭을 쓰시오.　　　　　　　　　　　　　　(　　　　　　　)

4회 국가공인 한자·한문지도사 1급 연습문제

● 객관식 (30문항)

과목1. 한자의 기초

※ 다음 물음에 답하시오.

1. 다음은 漢字體의 변천과정을 나타낸 그림이다. ㉠과 ㉡에 알맞은 것은?

甲骨文	金文	㉠	隷書	楷書
ᄊ	ᄊ	齊	齊	㉡

   ① ㉠-小篆, ㉡-齊   ② ㉠-書契, ㉡-祭
   ③ ㉠-吏讀, ㉡-齊   ④ ㉠-說文, ㉡-祭

2. 다음에서 설명하는 부수자에 해당하는 漢字가 아닌 것은?

   - 平頭戟短兵 『說文解字』
   - 가늘고 긴 자루에 달린 창을 표현한 글자이다.

   ① 戮   ② 截   ③ 戱   ④ 弑

3. 다음 중 조자원리가 같은 한자끼리 묶인 것은?
   ① 哨-武   ② 龍-象   ③ 評-信   ④ 食-馬

4. 다음에서 설명하는 漢字의 훈음으로 바른 것은?

   뜻을 나타내는 歹(앙상한 해골의 상형)과 聲符의 역할을 하는 央(베개를 베고 누운 사람의 상형)을 더한 글자이다.

   ① 재앙 앙   ② 죽을 운   ③ 무덤 영   ④ 교활할 활

5. 다음 중 밑줄 친 한자의 음이 다른 것은?
   ① 度支部   ② 度量衡   ③ 度外視   ④ 難易度

과목2. 한자의 활용

※ **다음 물음에 답하시오.**

6. 다음 중 漢字語의 짜임이 나머지 셋과 다른 하나는?
   ① 脫服　　② 瘦瘠　　③ 狩獵　　④ 鬪爭

7. 다음 중 漢字語의 독음이 바르지 않은 것은?
   ① 藿湯: 곽탕　② 牌札: 패찰　③ 眷屬: 권속　④ 不撓: 불소

8. 다음 글의 ㉠의 뜻을 가진 한자어는?

   > 강이 끝나자 시강관 김뉴가 아뢰기를, "금년에 오랜 ㉠가뭄 끝에 큰 홍수가 왔습니다. 이에 서울의 근교 수십 리에서 홍수에 떠내려간 민가가 무려 3백 여 군데나 됩니다."

   ① 膨脹　　② 旱魃　　③ 汗蒸　　④ 泡沫

※ **다음을 읽고 물음에 답하시오.**

> 曹操는 작품의 ㉠冒頭에서 天地間, 人爲貴라는 大前提를 천명한 다음, 현명한 君主가 ㉡어진 정치를 베풀고 法을 공정하게 운용하며 검소하게 생활하는 모범을 보여야만, 백성들이 편안하게 살 수 있고 또 서로 다투지 않고 화목하게 지낼 수 있다고 피력하고 있다.

9. ㉠의 유의어와 반의어로 바르게 짝지어진 것은?
   ① 虛頭-末尾　　② 隊頭-龜尾
   ③ 出頭-韻尾　　④ 迫頭-首尾

10. ㉡과 거리가 먼 것은?
    ① 淸廉潔白　② 護國安民　③ 濟世安民　④ 惑世誣民

과목3. 한자와 한문

※ 다음 글을 읽고 물음에 답하시오.

> 今欲使農者 得田 不爲農者 不得之 則行閭田之法 而吾志可㉠遂
> 也 何謂閭田 因山谿川原之㉡勢 而畫地爲界 界之所函 名之曰閭
> 用力多者 得糧高 用力寡者 得糧㉢廉 其有不盡力 以賭其高者乎
> 人莫不盡其力 而地無不盡其利 地利興 則民産富 民産富 則風俗
> ㉣惇 而孝悌立 此制田之上術也　　　　　　　　　　『與猶堂全書』

11. 윗글의 저자는?
   ① 洪大容　　② 丁若鏞　　③ 李滉　　④ 朴趾源

12. 윗글에서 강조하고 있는 '閭田'의 핵심은?
   ① 일한 만큼 배분한다.　　　　② 수확량을 동일하게 배분한다.
   ③ 부양가족의 수에 따라 배분한다.　④ 토양의 질을 평가하여 차등 배분한다.

13. ㉠~㉣의 뜻으로 적절하지 않은 것은?
   ① ㉠: 完遂　　② ㉡: 形勢　　③ ㉢: 淸廉　　④ ㉣: 敦厚

※ 다음 漢詩를 읽고 물음에 답하시오.

> (가)　如此亦如何　　如彼亦如何
> 　　　城隍堂後垣　　頹圮亦何如
> 　　　吾輩若此爲　　不死亦何如
>
> (나)　此身死了死了　一白番更死了
> 　　　白骨爲塵土　　魂魄有也無
> 　　　向主一片丹心　㉠寧有改理也歟

14. (가)와 (나)의 지은이를 차례로 나열한 것은?
   ① 李芳遠, 鄭夢周　　② 世祖, 成三問
   ③ 劉備, 諸葛亮　　　④ 項羽, 韓信

15. (가)와 (나)의 글쓰기의 목적을 가장 적절하게 표현한 것은?
① 협박과 굴복　② 회유와 거절　③ 제안과 동의　④ 권유와 포기

16. ㉠의 문장형식은?
① 의문형　② 감탄형　③ 반어형　④ 명령형

※ 다음 글을 읽고 물음에 답하시오.

> (가) 子之㉠燕居 申申如也 夭夭如也
> (나) 曲禮曰 坐如㉡尸 立如齊
> (다) 論語曰 (ⓐ)中 不內顧 不㉢疾言 不親指
> (라) 子見㉣齊衰者 雖狎 必變

17. (가)~(라)의 공통적인 주제로 적절한 것은?
① 事親　② 治喪　③ 脫俗　④ 持身

18. ㉠~㉣의 뜻이 잘못 연결된 것은?
① ㉠ : 잔치　② ㉡ : 시동　③ ㉢ : 빨리 말함　④ ㉣ : 상복

19. ⓐ에 알맞은 한자는?
① 房　② 喪　③ 車　④ 宮

※ 다음 물음에 답하시오.

20. ≪小學≫에 대한 설명으로 바르지 않은 것은?
① 본래 上古시대의 초등교육기관의 명칭이다.
② 宋나라 朱熹가 편집하였다.
③ 3綱領 8條目의 체계로 설명되어 있다.
④ 조선시대 金宏弼은 평생 동안 '小學童子'로 자처하였다.

21. ≪中庸≫에 대한 설명으로 바르지 않은 것은?
① 四書가운데 하나이다.
② 총 33장으로 구성되었다.
③ 본래 ≪禮記≫의 한 편이었다.
④ 실생활에서의 예절규범이 주를 이루고 있다.

※ 다음 글을 읽고 물음에 답하시오.

其四 好以文辭 取譽於時 ㉠剽竊經傳 以飾㉡浮藻 其五 工於筆札 業於琴酒 優游卒歲 自謂淸致 其六 好聚閒人 圍棋局戲 飽食終日 只資爭競 其七 歆羨富貴 厭薄貧賤 惡衣惡食 深以爲恥 其八 ㉢嗜慾無節 不能斷制 貨利㉣聲色 其味如蔗　　　(중략)

習之害心者大槪如斯 其餘難以悉擧 此習使人志不堅固 行不篤實 ⓐ今日所爲 明日難改 朝悔其行 暮已復然 必須大奮勇猛之志 如將一刀快斷根株 淨洗心地 無毫髮餘脈 而時時每加猛省之功 使此心無一點舊染之汚 然後可以論進學之工夫矣

22. 윗글의 주제로 적당한 것은?
① 立志　　② 持身　　③ 革舊習　　④ 讀書

23. 윗글에서 비판하는 행동유형이 아닌 것은?
① 문장과 시문을 꾸미기를 좋아하는 사람
② 과거공부에 몰두하여 심성공부를 등한시 하는 사람
③ 한가롭게 몰려다니며 장기나 바둑을 즐기는 사람
④ 나쁜 옷과 나쁜 음식을 부끄럽게 여기는 사람

24. 어휘의 풀이로 옳지 않은 것은?
① ㉠剽竊 – 남의 작품의 일부를 몰래 따다 씀
② ㉡浮藻 – 화려한 문장
③ ㉢嗜慾 – 좋아하고 즐기려는 욕심
④ ㉣聲色 – 음악과 그림

25. ⓐ와 어울리는 속담은?
① 세 살 버릇 여든 간다.
② 등잔 밑이 어둡다.
③ 공든 탑이 무너지랴.
④ 도둑이 제 발 저린다.

※ 다음 물음에 답하시오.

26. 우리나라 삼국시대의 교육에 관한 설명으로 옳지 않은 것은?
    ① 고구려는 고급관리 양성을 목적으로 태학(太學)을 설립하였다.
    ② 백제는 경당(扃堂)을 통해 서민자제들에 유교적 교양을 가르쳤다.
    ③ 신라는 삼국통일 이전에는 화랑제를 통해 인재를 양성하였다.
    ④ 신라는 삼국통일 이후에는 국학(國學)과 견당 유학생을 통해 인재를 양성하였다.

27. 한문에 대한 설명으로 적절하지 못한 것은?
    ① 한문은 우리말과 어법체계가 일치하여 거부감이 적다.
    ② 우리 조상들은 한문을 통하여 사상과 감정을 표현하였다.
    ③ 국학이나 동양학을 비롯한 각종 학문, 예술을 연구하기 위해서는 한문 독해력이 필수적이다.
    ④ 한자어는 원형 그대로 살아서 우리 언어의 골간을 이루고 있다.

28. 한자·한문교육의 목표로 적절하지 않은 것은?
    ① 언어생활에서 바르게 읽고 쓸 수 있다.
    ② 자신의 감흥을 漢詩로 작문할 수 있다.
    ③ 한문기록에 담긴 선인들의 지혜를 배운다.
    ④ 한문기록에 담긴 전통문화를 계승 발전시킨다.

29. 한문 교과나 교재를 연구하는 방법을 강구할 때 중점 고려 대상이 아닌 것은?
    ① 일상생활에 도움을 주도록 한다.
    ② 진학과 취업에 성과가 있도록 한다.
    ③ 문법위주의 학습이 완벽하게 이루어지도록 한다.
    ④ 중국이나 일본을 포함한 한자 문화권과 조화로운 발전 도모를 염두에 두어야 한다.

30. 평생교육의 발전에 관한 설명으로 옳지 않은 것은?
    ① 평생교육이라는 개념이 생기기 전부터 유아, 아동, 청소년 및 성인들을 위한 다양한 형태의 학교 이외의 교육이 있어 왔다.
    ② 세계 각국에서는 학교 이외의 교육에 대해 성인교육, 순환교육, 계속교육, 추가교육 등 다양한 명칭을 사용하였다.
    ③ 1965년 프랑스의 랭그랑(Paul Langrand)이 유네스코 성인교육 추진위원회에서 '평생교육'이라는 용어를 사용할 것을 제안하였다.
    ④ 우리나라에서는 아직 평생교육에 관한 법률이 만들어지지 않았다.

과목 I. 한자의 기초

● 주관식 (70문항)

※ 다음 물음에 답하시오.

주1. 다음을 읽고 ㉠에 들어갈 용어를 쓰시오.　　　　　　(　　　　　)

> 漢字의 근원으로 結繩과 書契, (㉠)등을 들 수 있다. (㉠)는 『周易』의 기본이 되는 건, 곤, 진, 간, 리, 감, 태, 손을 일컫는다.

주2. 다음을 읽고 ㉠에 들어갈 용어를 쓰시오.　　　　　　(　　　　　)

> 秦나라는 西周文字를 계승 발전시켜 문자의 통일을 이룩하였다. 이때 주류를 이루는 것은 大篆과 (㉠)이었다. 특히 허신의 『설문해자』에서도 (㉠)을 위주로 하면서 古文과 籒文을 참고로 간혹 인용하고 있다.

※ 다음 □안에 공통으로 들어가 각각 다른 의미로 사용되는 漢字를 쓰시오.

주3. (　　　　　)

> ㉠ □稽: 익살을 부리는 가운데 어떤 교훈을 주는 일
> ㉡ □降: 비탈진 곳을 미끄러져 내려오거나 내려감

주4. (　　　　　)

> ㉠ □殺: 칼 따위로 사람을 찔러 죽임
> ㉡ □戟: 외부에서 작용을 주어 감각이나 마음에 반응이 일어나게 함

※ 다음 □안에 類義字를 넣어 설명에 맞는 한자어를 완성하시오.

주5. □窕 : 여자의 행동이 얌전하고 정숙함　　　　　　(　　　　　)

주6. □胎 : 아이나 새끼를 뱀　　　　　　　　　　　　(　　　　　)

※ 다음 □안에 反義字를 넣어 설명에 맞는 한자어를 완성하시오.

주7. □陟 : 못된 사람을 내쫓고 착한 사람을 올리어 씀	(		)

주8. 褒□ : 옳고 그름이나 선하고 악함을 판단하여 결정함	(		)

※ 다음 漢字를 簡體字로 쓰시오.

주9. 齊		(		)

주10. 場		(		)

과목2. 한자의 활용

※ 다음 □안에 공통으로 들어갈 漢字를 쓰시오.

주11. 堡□	殘□	盜□	(		)

주12. 苛□	□毒	冷□	(		)

※ 다음 설명하는 단어를 漢字로 쓰시오.

주13. 신음 : 앓는 소리를 냄. 또는 고통이나 괴로움으로 고생하며 허덕임
	(		)

주14. 불식 : 먼지를 떨고 훔친다는 뜻으로, 의심이나 부조리한 점 따위를 말끔히 떨어
	없앰을 이르는 말	(		)

※ 다음 한자어의 속뜻을 쓰시오.

주15. 逆鱗 : (				)

주16. 萱堂 : (				)

※ 다음은 서로 반대의 뜻을 가진 漢字語이다. 한글로 표기된 단어를 漢字로 쓰시오.

주17. 乾燥 ↔ (습윤) (　　　　)

주18. 迂回 ↔ (첩경) (　　　　)

주19. 險難 ↔ (순탄) (　　　　)

※ 다음 글을 읽고 물음에 답하시오.

> 전국시대 말엽, 趙나라의 평원군은 ㉠수행원을 뽑던 중, 마지막 한 명을 뽑지 못한 채 고심했다. 이때에 ㉡모수라는 식객이 "나리, 저를 데려가 주십시오."하고 나섰다. 평원군은 어이없어 하며 "그대는 내 집에 온 지 얼마나 되었소?"하고 물었다. 그가 "이제 3년이 됩니다."하고 대답하자 "㉢재능이 뛰어난 사람은 마치 주머니 속의 송곳 끝이 밖으로 나오듯이 남의 눈에 드러나는 법이오. 그런데 내 집에 온 지 3년이나 되었다는 그대는 단 한 번도 이름이 드러난 일이 없지 않소?"하고 반문했다.

주20. ㉠을 漢字로 쓰시오.　　　　　　　　　　　　　　(　　　　)

주21. ㉡에서 유래한 사자성어를 漢字로 쓰시오.　　　　(　　　　)

주22. ㉢을 뜻하는 사자성어를 漢字로 쓰시오.　　　　　(　　　　)

※ 다음 글을 읽고 물음에 답하시오.

> '㉠서릿발이 심한 속에서도 굴하지 아니하고 외로이 지키는 절개' 라는 뜻으로, 忠臣 또는 ㉡□□를 이르는 말

주23. ㉠을 뜻하는 成語를 漢字로 쓰시오.　　　　　　　(　　　　)

주24. ㉡에 들어갈 꽃 이름을 漢字로 쓰시오.　　　　　　(　　　　)

※ 다음 주어진 문장과 의미가 통하는 成語를 漢字로 쓰시오.

주25. (　　　　　　　)

> 二人同心 其利斷金 同心之言 其臭如蘭

과목3. 한자와 한문

※ 다음 漢詩를 읽고 물음에 답하시오.

> ㉠天步西門遠　　東宮北地危
> ㉡고신憂國日　　壯士樹勳時
> 誓海魚龍動　　盟山草木知
> ㉢讐夷如盡滅　　雖死不爲辭

주26. 위 시를 지은 인물의 이름을 漢字로 쓰시오.　　(　　　　)

주27. 문맥상 ㉠의 뜻을 쓰시오.　　(　　　　)

주28. ㉡을 漢字로 쓰시오.　　(　　　　)

주29. ㉢이 지시하는 대상을 쓰시오.　　(　　　　)

※ 다음 글을 읽고 물음에 답하시오.

> (가) 今人 多不解禮 每弔客致慰 專不起動 只㉠부복而已 此非禮也 弔客 拜靈座而出 則喪者當出自喪次 向弔客 再拜而哭 可也
> (나) ㉡衰絰 非疾病服役 則不可脫也　　　『擊蒙要訣』

주30. (가), (나)의 공통적인 주제를 2음절의 한자어로 쓰시오.　　(　　　　)

주31. ㉠을 漢字로 쓰시오.　　(　　　　)

주32. ㉡의 독음을 쓰시오.　　(　　　　)

※ 다음 글을 읽고 물음에 답하시오.

> 余定居海山之陽 有一二學徒 相從問學 ㉠余慙無以爲師 而且恐初學不知向方 且無堅固之志 而泛泛請益 則彼此無補 反貽人譏 故略書一冊子 粗敍立心飭躬奉親接物之方 名曰(　㉡　)欲使學徒觀此 洗心㉢입각 當日下功 而余亦久患㉣因循 欲以自警省焉 丁丑季冬 德水 李珥書

주33. ㉠을 해석하시오. (   )

주34. ㉡의 알맞은 4음절의 書名을 漢字로 쓰시오. (   )

주35. ㉢을 漢字로 쓰시오. (   )

주36. ㉣의 뜻을 쓰시오. (   )

※ 다음을 글을 읽고 물음에 답하시오.

> 大抵卜居之地 地理爲上 生利次之 次則人心 次則山水 ㉠四者缺一 非樂土也 地理雖佳 生利乏則不能久居 生利雖好 地理惡則亦不能久居 地理及生利俱好 而(㉡)不淑 則必有悔吝 近處 ㉢無山水可賞處 則無以陶瀉性情 何以論生利 人生於世 旣不能吸風飮露 衣羽蔽毛 則不得不從事於衣食

주37. 윗글의 제목으로 적절한 2음절의 한자어를 본문에서 찾아 쓰시오.
(   )

주38. ㉠을 본문에서 모두 찾아 쓰시오. (,   ,   ,   )

주39. ㉡에 알맞은 2음절의 한자어를 본문에서 찾아 쓰시오. (   )

주40. ㉢을 해석하시오.
(   )

※ 다음 글을 읽고 물음에 답하시오.

> (가) 曲禮曰 凡爲人子之禮 冬溫而夏凊 昏定而(㉠) 出必告 反必面 所遊 必有常 所習 必有業 恒言 不稱老
>
> (나) 禮記曰 孝子之有深愛者 必有和氣 有和氣者 必有愉色 有愉色者 必有婉容 孝子 如執玉 如奉盈 ㉡洞洞屬屬然 ㉢如弗勝 如將失之 嚴威儼恪 非所以事親也   『小學』

주41. ㉠에 알맞은 2음절의 한자어를 漢字로 쓰시오. (   )

주42. ㉡의 독음을 쓰시오. (   )

주43. ㉢을 해석하시오. (   )

※ 다음 글을 읽고 물음에 답하시오.

> 周禮 大司徒以鄕三物 敎萬民而㉠賓興之 (중략) 三曰六藝 ㉡(예악사어서수)
> 『小學』

주44. ㉠의 의미를 쓰시오.　　　　　　　　　　(　　　　　　　　　)

주45. ㉡ '예악사어서수'를 漢字로 쓰시오.　　　　(　　　　　　　　　)

※ 다음 글을 읽고 물음에 답하시오.

> (가) 孔子曰 ⓐ武王 ⓑ周公 其達孝矣乎 夫孝者善繼人之志 善述人之ⓒ事者也
>
> (나) ㉠帝使其子九男二女 百官牛羊倉廩備 以ⓓ事舜於畎畝之中 天下之士多就之者 帝將胥天下而㉡遷之焉 爲不順於父母 ㉢如窮人無所歸

주46. ⓐ와 ⓑ의 관계를 2음절의 한자어로 쓰시오.　　(　　　　　　　)

주47. 문맥상 ⓒ와 ⓓ의 품사를 차례로 쓰시오.　(ⓒ　　　　,ⓓ　　　　)

주48. ㉠이 지칭하는 고대 황제의 이름을 漢字로 쓰시오.　(　　　　　)

주49. ㉡의 뜻을 2음절의 한자어로 쓰시오.　　　　(　　　　　　　　)

주50. ㉢의 이유를 간략히 쓰시오.　(　　　　　　　　　　　　　　　)

※ 제시된 〈풀이〉에 맞게 (　　)안의 한자들을 모두 이용하여 바르게 배열하시오.

주51. (勿 己 欲 於 所 施 人 不)

　　→ (　　　　　　　　　　　　　)

　　〈풀이〉 자기가 원하지 않는 것을 남에게 시키지 말아야 한다.

주52. 君子之道 辟如 (遠 邇 自 必 行)

→ (　　　　　　　　)

〈풀이〉 군자의 도는 멀리 가려함에 반드시 가까운 곳에서부터 하는 것과 같다.

주53. 初學先須立志 (期 自 聖 人 以 必)

→ (　　　　　　　　)

〈풀이〉 초학자는 먼저 뜻을 세워서 반드시 성인이 될 것으로 스스로를 기약하여야 한다.

※ **다음 ○에 들어갈 漢字·漢字語를 쓰시오.**

주54. 子曰 射有似乎君子 失諸○○ 反求諸其身　　　(　　,　　)

주55. 或○而知之 或學而知之 或困而知之　　　(　　　)

주56. 好學 近乎○ 力行 近乎仁 知恥 近乎勇　　　(　　　)

주57. 是知善也者 吉之謂也 不善也者 ○之謂也　　　(　　　)

※ **다음 문장 중 밑줄 친 부분을 해석하시오.**

주58. 若不一裁之以禮 則終不免紊亂無序 歸於夷虜之風矣

(　　　　　　　　　　　　　　　　　　　　)

주59. 與其得罪於鄕黨州閭 寧孰(熟)諫 父母怒不悅 而撻之流血 不敢疾怨

(　　　　　　　　　　　　　　　　　　　　)

주60. 人莫不飮食也 鮮能知味也

(　　　　　　　　　　　　　　　　　　　　)

주61. 時使薄斂 所以勸百姓也

(　　　　　　　　　　　　　　　　　　　　)

주62. 小人 閒居 爲不善 無所不至

(　　　　　　　　　　　　　　　　　　　　)

주63. 衣錦尙絅
(   )

주64. 聖人 有憂之 使契爲司徒 敎以人倫
(   )

주65. 好人之所惡 惡人之所好 是謂拂人之性 菑必逮夫身
(   )

※ **한문교육론에 관한 문제입니다. 다음 물음에 답하시오.**

주66. 대학교육과정에 준하는 표준교육과정을 근거로 인정된 평생교육기관들의 교육이수결과를 대학의 학점에 준하여 인정해 주는 제도는?   (   )

주67. 중요무형문화재인 전통예술과 전통기능의 예능과 기능보유자들의 전승자 양성을 위한 제도는?   (   )

※ **다음 물음에 답하시오.**

주68. 우리나라 최초의 관학인 동시에 최초의 고등교육기관으로 삼국사기에 '고구려 소수림왕 2년에 세워졌다.'고 기록된 교육기관의 명칭을 漢字로 쓰시오.
(   )

주69. 다음 ㉠에 알맞은 삼국시대의 교육시설의 이름을 쓰시오. (   )

> 『구당서』에는 다음과 같은 기록이 있다.
> ※ "풍속이 서적을 사랑하여 가난하고 천한 일에 종사하는 집에 이르기까지 각기 네거리에 큰 집을 지어 이를 (㉠)이라고 부른다. 자제가 미혼 전에 주야로 여기서 독서하고 활쏘기를 배운다. 그 책으로는 5경과 사기·한서·후한서·삼국지·문선 등이 있어 이를 중히 여긴다."

주70. 학제개혁을 통해 종래의 성균관과 향교가 독립되었던 것을 일원화하고, 서당교육을 초등 관학으로 흡수하여 일종의 4단계 단선형 학교체제를 확립할 것을 제시한 조선시대 실학교육사상가의 이름을 쓰시오.   (   )

5회 국가공인 한자·한문지도사 1급 연습문제

● 객관식 (30문항)

과목1. 한자의 기초

※ 다음 六書에 관한 설명을 읽고 물음에 답하시오.

> ㉠ 눈에 보이지 않는 추상적인 생각이나 사물의 뜻을 구체적인 부호나 도형으로 간단히 나타내어 그 뜻을 가리키게 하는 방법
>
> ㉡ 두 개 이상의 한자를 결합해서 새로운 한 글자를 만드는 방법으로, 한 글자는 뜻을, 다른 한 글자는 소리와 함께 아울러 뜻도 나타내는 방법

1. 다음 중 ㉠의 설명에 해당하는 漢字는?
   ① 龍   ② 本   ③ 牛   ④ 秋

2. ㉡이 설명하는 것은?
   ① 象形   ② 指事   ③ 形聲   ④ 假借

3. '臭(냄새 취)'자의 부수자에 대한 설명으로 바른 것은?
   ① 相背差午   ② 舂也杵臼
   ③ 鼻也 象鼻形   ④ 鱗介之總稱 俗以蛇

4. 다음 중 부수가 같은 한자끼리 묶인 것은?
   ① 郵-隆   ② 攴-敍   ③ 窮-躬   ④ 恭-悅

5. 다음 중 밑줄 친 한자의 독음이 다른 것은?
   ① 潤滑   ② 滑降   ③ 滑稽   ④ 滑走

과목2. 한자의 활용

※ 다음 글을 읽고 물음에 답하시오.

6. 다음 중 漢字語의 짜임이 나머지 셋과 다른 하나는?
   ① 惰性   ② 微笑   ③ 喫煙   ④ 嚆矢

7. 다음 중 그 의미가 나머지 셋과 다른 하나는?
   ① 見危致命   ② 大義滅親   ③ 輾轉反側   ④ 泣斬馬謖

8. 다음 중 한자성어의 표기가 바른 것은?
   ① 收手傍觀   ② 磨斧作枕   ③ 看於齊楚   ④ 曖昧模糊

9. 다음 중 한자어의 뜻이 바르지 않은 것은?
   ① 荊棘 : 나무의 온갖 가시. 고난
   ② 肇秋 : 처음으로 나라를 세우는 기초
   ③ 讒佞 : 교묘한 변설로 아첨하며 남을 모함함
   ④ 涓吉 : 혼인 따위의 경사를 위하여 좋은 날을 고르는 일

10. 다음 중 밑줄 친 한자어의 쓰임이 바르지 않은 것은?
    ① 온 국민이 蹶起하고 나섰다.
    ② 그 식당은 손님이 없어 인적이 櫛比했다.
    ③ 직장을 잃어 糊口할 길이 막막하다.
    ④ 드디어 빙속 종목에서도 凱歌를 올렸다.

과목3. 한자와 한문

※ 다음 글을 읽고 물음에 답하시오.

> 月梅因與李郞 同至獄門
>
> (가) 春香 愁中帶喜而語曰 其夢耶 其眞耶 自天而降乎 從地而出乎
>
> (나) 香母曰 今者李道令 非前日之李道令也 形容憔悴 衣服襤褸 乃一(㉠)也 如天所望 都是虛事
>
> (다) 呼春香謂曰 來矣來矣 香娘 驚起而問 何人 來乎 香母曰 李道令 來矣
>
> 香娘曰 不聞聖人之言乎 富貴不能淫 貧賤不能移 豈可㉡使富貴而交之 貧賤而疎之 一貧一富 古今常事 於郎君 何傷

11. 위 글의 (가)~(다)를 내용상 순서대로 바르게 나열한 것은?
   ① (가) - (나) - (다)   ② (가) - (다) - (나)
   ③ (나) - (가) - (다)   ④ (다) - (가) - (나)

12. 문맥상 ㉠에 가장 알맞은 말은?
   ① 禽獸   ② 乞人   ③ 豪傑   ④ 孝子

13. ㉡의 태도를 표현하기에 적절한 것은?
   ① 炎凉世態   ② 好衣好食   ③ 經世濟民   ④ 無所不爲

※ 다음 漢詩를 읽고 물음에 답하시오.

(가)   ⓐ松都懷古
   雪月㉠前朝色   寒鐘故國聲
   南樓愁獨立   殘郭暮煙生

(나)   春望
   國破山河在   城春草木深
   ⓑ感時花濺淚   恨別鳥驚心
   烽火連三月   ⓒ家書抵萬金
   白頭搔更短   渾欲ⓓ不勝簪

14. (가)의 주제로 적절한 것은?
   ① 溫故知新   ② 脣亡齒寒   ③ 黍離之歎   ④ 吟風弄月

15. 다음 중 ㉠이 지시하는 것은?
   ① 新羅   ② 百濟   ③ 高麗   ④ 朝鮮

16. ⓐ~ⓓ에 대한 설명으로 적절하지 않은 것은?
   ① ⓐ : '開城'의 옛 이름이다.
   ② ⓑ : '感傷'의 뜻으로 풀이 할 수 있다.
   ③ ⓒ : '族譜'를 뜻한다.
   ④ ⓓ : 늙어서 머리숱이 없음을 한탄한다.

※ 다음 글을 읽고 물음에 답하시오.

> 古之學者 未嘗求仕 學成則爲上者 擧而用之 蓋仕者 (㉠) 非
> (㉡)也 今世則不然 以(ⓐ)取人 雖有通天之學 絶人之行 非
> (ⓑ) ㉢無由進於行道之位 故父敎其子 兄勉其弟 (ⓒ)之外
> 更無他術 士習之偸 職此之由   『擊蒙要訣』

17. ㉠과 ㉡에 들어갈 한자어를 차례대로 나열한 것은?
   ① 爲人-爲己   ② 爲己-爲人   ③ 用人-得人   ④ 得人-用人

18. ⓐ~ⓒ에 공통으로 들어갈 알맞은 것은?
   ① 蔭敍   ② 四書   ③ 科擧   ④ 武藝

19. 다음 중 ㉢의 해석으로 옳은 것은?
   ① 이유 없이 도를 향한 지위에 나아간다.
   ② 도를 행할 지위에 나아갈 방법이 없다.
   ③ 이유 없이 실천을 하여 도의 경지에 이른다.
   ④ 도를 행하는 지위에 이유 없이 나간다.

※ 다음 물음에 답하시오.

20. 小學에 관한 설명으로 알맞지 않은 것은?
   ① 小學의 篇名 중에는 嘉言과 善行이 있다.
   ② 小學은 孔子의 손자인 子思가 편찬하였다.
   ③ 小學은 크게 內篇과 外篇으로 나뉘어져 있다.
   ④ 小學의 기본 덕목에는 灑掃應對가 포함된다.

21. 擊蒙要訣에 대한 설명으로 바르지 않은 것은?
   ① 이 책은 조선 중기에 만들어졌다.
   ② 초학자들을 교육하기 위하여 만든 책이다.
   ③ 일상생활에서 지켜야 할 윤리적 실천조항을 주제별로 서술했다.
   ④ 이황(李滉)은 이 책의 집필을 위해 도산서원에 칩거했다.

※ 다음 글을 읽고 물음에 답하시오.

(가) 子曰 道之不行也 我知之矣 知者 過之 愚者 不及也 道之不明也 我知之矣 賢者 過之 (㉠)者 不及也

(나) 人莫不飮食也 鮮能知味也

22. (가)와 (나)의 공통적인 주제는?
① 중용의 어려움　　　　② 지식의 필요성
③ 왕도의 중요성　　　　④ 지식과 생활과의 관계

23. ㉠에 들어갈 한자어는?
① 聖　　② 學　　③ 不義　　④ 不肖

※ 다음 글을 읽고 물음에 답하시오.

琴師 金聖器 學琴於王世基 每遇新聲 王輒秘不傳授

(가) 乃夜彈琴 曲未半 瞥然拓窓 聖器 驚墮於地

(나) 聖器 夜夜來附王家窓前竊聽 明朝能傳寫不錯 王固疑之

(다) 王乃大奇之 盡以所著 授之

24. 위 글의 (가)~(다)를 내용상 순서대로 바르게 나열한 것은?
① (가) - (나) - (다)　　② (가) - (다) - (나)
③ (나) - (가) - (다)　　④ (나) - (다) - (가)

25. 다음 중 위 글의 내용으로 알 수 있는 것은?
① 왕세기가 전수하지 않은 것을 김성기는 다음 날이면 능숙하게 연주해냈다.
② 왕세기는 매번 새로운 소리가 나올 때 마다 김성기에게 전수하였다.
③ 왕세기는 김성기에게 밤마다 창문 앞에서 거문고를 배웠다.
④ 왕세기는 집 창문 앞에서 자신의 연주를 몰래 듣는 김성기를 괘씸하게 여겼다.

※ 다음 글을 읽고 물음에 답하시오.

> 孟軻之母其舍近墓 孟子之少也 嬉戲 爲墓間之事 踊躍築埋 孟母曰 此 非所以居子也 乃去舍市 其嬉戲 爲賈衒 孟母曰 此 非所以居子也 乃徙舍學宮之旁 其嬉戲 乃設㉠俎豆 揖讓進退 孟母曰 此 眞可以居子矣 遂居之

26. 위 글에서 유래하는 성어는?
    ① 孔孟之學　　② 孟母斷機　　③ 孟母三遷　　④ 倚閭之望

27. ㉠의 뜻으로 적절한 것은?
    ① 野菜　　　　② 酒肴　　　　③ 祭器　　　　④ 文具

※ 다음 물음에 답하시오.

28. 고려시대 과거에 대한 설명으로 적절하지 않은 것은?
    ① 製述業은 일종의 문예시험이다.
    ② 明經業은 유교경전이 주된 과목이다.
    ③ 승려를 선발하는 시험이 있었다.
    ④ 製述業보다 明經業이 더욱 중시되었다.

29. 한문의 교수·학습 계획으로 적절하지 않은 것은?
    ① 학습자, 가정, 사회의 요구를 수렴하여 계획한다.
    ② 학습의 효율성을 위해 가능하면 획일적 수업이 되도록 계획한다.
    ③ 학습자의 일상생활에 도움이 되고, 선수학습과 연계 학습이 가능하도록 계획한다.
    ④ 한자, 한자어, 한문의 학습이 통합적으로 이루어질 수 있고, 반복 학습이 가능하도록 계획한다.

30. 평생교육에 대한 개념적 특성으로 적절하지 않은 것은?
    ① 직업교육은 평생교육의 범주에서 제외한다.
    ② 인간의 삶의 질을 향상시키는 것을 목적으로 한다.
    ③ 형식적·비형식적·무형식적 교육을 모두 포괄한다.
    ④ 교육의 형태·방법·내용을 다양화하고 이에 융통성을 부여하여 누구나 접근할 수 있게 한다.

연습문제 **5회**

● 주관식 (70문항)

과목1. 한자의 기초

※ 다음 표를 보고 물음에 답하시오.

舟	굵은 통나무를 깊게 파거나 잘 깎아서 만든 쪽배의 모양을 본뜬 부수 글자

주1. 위에서 설명하는 漢字는? ( )

주2. 위에서 설명하는 漢字를 부수로 하는 漢字를 두 개만 쓰시오.
(,)

※ 다음 □에 공통으로 들어가 각각 다른 의미로 사용되는 漢字를 쓰시오.

주3. 星□ - □泊 ( )

주4. 變□ - □紙 ( )

※ 다음 □안에 類義字를 넣어 한자어를 완성하시오.

주5. 瑚□ : 오곡을 담아 신께 바치던 제기 ( )

주6. 犧□ : 다른 사람이나 어떤 목적을 위하여 자신의 목숨, 재산, 명예, 이익 따위를 바치거나 버림 ( )

※ 다음 글을 읽고 물음에 답하시오.

　'㉠빙'자는 小篆에서 볼 수 있듯이 왼쪽은 귀의 形狀이며, 오른쪽 윗부분은 무언가로 가득 채운 커다란 대바구니의 象形이 변한 것이고, 아랫부분은 이것을 ㉡메고 가는 사람의 象形이 변한 것이다. 『說文解字』에 의하면 '빙'의 본뜻은 '訪問하다'이며 『孟子』에 '㉢隱居하고 있는 ㉣賢者에게 幣帛을 보내어 朝廷으로 불러올린다.'는 '초빙'의 뜻으로 쓰인 예가 있다.

주7. ㉠을 漢字로 쓰시오. (   )

주8. ㉡의 뜻을 가진 漢字를 쓰시오. (   )

주9. 略字로 되어있는 ㉢을 正字로 바꾸어 쓰시오. (   )

주10. ㉣을 簡體字로 바꾸어 쓰시오. (   )

과목2. 한자의 활용

※ 다음 물음에 답하시오.

주11. 다음 □안에 공통으로 들어갈 漢字를 쓰시오. (   )

□萃　　□群　　□擢

※ 다음 문장의 밑줄 친 단어를 문맥에 맞게 漢字로 쓰시오.

주12. 그는 <u>약관</u>의 나이에 결혼을 했다. (   )

주13. 이 보험을 가입하려면 <u>약관</u>에 동의해야 합니다. (   )

※ 다음에 설명하는 단어를 漢字로 쓰시오.

주14. 쇄도: 전화, 주문 따위가 한꺼번에 세차게 몰려듦 (   )

주15. 고질: 오랫동안 앓고 있어 고치기 어려운 병 (   )

주16. 전율: 몹시 무섭거나 두려워 몸이 벌벌 떨림 (   )

※ 설명에 맞게 의미가 상대되는 漢字끼리 결합하여 이루어진 단어를 漢字로 쓰시오.

주17. (   ) : 자나 깨나 언제나

주18. (   ) : 혹은 억누르고 혹은 찬양함

연습문제 5회

※ 다음은 서로 비슷한 뜻을 가진 漢字語이다. 한글로 표기된 단어를 漢字로 쓰시오.

주19. 期待 ≒ 촉망 (   )

주20. 疎忽 ≒ 등한 (   )

주21. 指彈 ≒ 힐난 (   )

※ 다음 문장을 읽고 물음에 답하시오.

> 공자가 《춘추(春秋)》를 지은 지 1,500년이 되었고 《춘추전》을 지은 사람이 다섯 사람, 온갖 주석을 한 학자들이 1,000명에 달한다. ㉠그들이 지은 책을 집에 두면 대들보까지 차고 밖으로 내보내면 소와 말이 땀을 낸다.

주22. ㉠에 해당하는 成語를 漢字로 쓰시오.   (   )

주23. 윗글에서 설명하는 成語와 그 뜻이 비슷한 3음절의 成語를 漢字로 쓰시오.
(   )

※ 다음 물음에 답하시오.

주24. 다음 이야기에서 유래한 성어를 漢字로 쓰시오.   (   )

> 齊나라 때 왕손가의 어머니가 아들에게 말하기를 "네가 아침에 나가서 늦게 오면 나는 곧 집 문에 의지하여 네가 오는지 바라보고, 저물어서 나가 돌아오지 않으면 나는 동구 밖 문에 의지하여 네가 오는지 바라보고 서 있다."고 했다.

주25. 다음 문장의 밑줄 친 부분에 해당하는 성어를 漢字로 쓰시오.
(   )

> 하늘 방향이 어딘지 땅의 축이 어딘지도 모르는 어린애인 줄 만 알았는데 어엿한 숙녀가 되어 있었다.

과목3. 한자와 한문

※ 다음 漢詩를 읽고 물음에 답하시오.

> 此身死了死了 　一百番更死了
> 白骨爲塵土 　㉠혼백有也無
> 向主㉡□□□□ 　寧有改理也歟

주26. 이 시의 작자를 漢字로 쓰시오. 　　　　　(　　　　　　　)

주27. ㉠을 漢字로 쓰시오. 　　　　　(　　　　　　　)

주28. ㉡에 알맞은 성어를 漢字로 쓰시오. 　　　　(　　　　　　　)

※ 다음 글을 읽고 물음에 답하시오.

> 新羅百結先生 不知何許人 居狼山下 家極貧 衣百結 若懸鶉 時人 ㉠號爲東里百結先生 嘗慕榮啓期之爲人 以琴自隨 凡喜怒悲歡不平之事皆以琴宣之 歲將暮 隣里舂粟 其妻 聞杵聲 曰人皆有粟舂之 我獨無焉 ㉡何以卒歲 先生 仰天歎曰 夫死生有命 富貴在天 其來也 不可拒 其往也 不可追 汝何傷乎 吾爲汝作杵聲以慰之 乃鼓琴作杵聲 世傳之 名爲碓樂
> ＊碓:방아 대　　　　　　　　　　　　　　『三國史記』

주29. ㉠의 이유를 간략히 쓰시오. 　(　　　　　　　　　　　　　)

주30. ㉡의 물음에 대한 백결선생의 행동을 간략히 쓰시오.
　(　　　　　　　　　　　　　　　　　　　　　　　　　)

※ 다음 글을 읽고 물음에 답하시오.

> (가) 王制曰 父之㉠齒 隨行 兄之齒 ⓐ雁行 朋友 不相踰 『小學』
>
> (나) 年長以倍則父事之 十年以長則兄事之 五年以長則ⓑ견隨之
> 『小學』
>
> (다) 濡肉 ㉡齒決 乾肉 不齒決 毋嘬炙　　　　　　　　『小學』

주31. 문맥에 맞게 ㉠과 ㉡의 뜻을 각각 쓰시오. (㉠　　　　　,㉡　　　　　)

주32. ⓐ를 해석하시오. (　　　　　　　　　　)

주33. ⓑ를 漢字로 쓰시오. (　　　　　　　　　　)

※ 다음 글을 읽고 물음에 답하시오.

> 所謂誠其意者 毋自欺也 ㉠如惡惡臭 如㉡好好色 此之謂自謙 故君子 必愼其(ⓐ)也

주34. ㉠의 독음을 쓰시오. (　　　　　　　　　　)

주35. 문맥상 ㉡의 품사를 쓰시오. (　　　　　　　　　　)

주36. ⓐ에 알맞은 漢字를 쓰시오. (　　　　　　　　　　)

※ 다음 글을 읽고 물음에 답하시오.

> (가) 孔子曰 賢哉回也 ㉠一簞食一瓢飮 在㉡누항人不堪其憂 回也 不改其(ⓐ) 賢哉 回也　　　　　　　　　　　　　『小學』
>
> (나) 南容 ㉢三復白圭 孔子以其兄之子 ㉣妻之　　　　『小學』
>
> (다) 詩云 (ⓑ)只君子 民之父母 民之所好 好之 民之所惡 惡之 此之謂民之父母　　　　　　　　　　　　　　　　『大學』
>
> (라) 詩云 殷之未喪㉤師 克配上帝 儀監于殷 峻命不易 ㉥道得衆 則得國失衆則失國　　　　　　　　　　　　　　『大學』

주37. ㉠의 독음을 쓰시오. ( )

주38. ㉡을 漢字로 쓰시오. ( )

주39. ㉢을 해석하시오.
( )

주40. ㉣을 해석하시오. ( )

주41. ㉤과 같은 뜻을 가진 漢字를 (가)~(라)에서 찾아 쓰시오. ( )

주42. ㉥의 품사를 쓰시오. ( )

주43. ⓐ와 ⓑ에 공통으로 들어갈 漢字를 쓰시오. ( )

※ 다음 글을 읽고 물음에 답하시오.

> (가) ㉠誠者 天之道也 誠之者 人之道也 誠者 不(ⓐ)而中 不思而得 ㉡종용中道 聖人也 誠之者 擇善而固執之者也
>
> (나) 或生而知之 或學而知之 或困而知之 及其知之 一也 或安而行之 或利而行之 或(ⓑ)强而行之 及其成功 一也

주44. ㉠과 유사한 의미를 가진 4음절의 구절을 (나)에서 찾아 쓰시오.

( )

주45. ㉡을 漢字로 쓰시오. ( )

주46. ⓐ와 ⓑ에 공통으로 들어갈 漢字를 쓰시오. ( )

※ 다음 글을 읽고 물음에 답하시오.

> (가) 顔子孟子 ㉠아성也 學之雖未至 亦可爲賢人 今學者 ㉡若能知此 則顔孟之事 我亦可學
>
> (나) 夫學 須靜也 (㉢)須學也 非學 無以廣才 非靜 無以成學 慆慢則 不能硏精 險躁則不能理性 年與時馳 意與歲去 ㉣遂成枯落 悲歎窮廬 將復何及也   『小學』

주47. ㉠을 漢字로 쓰시오.   (   )

주48. ㉡을 해석하시오.   (   )

주49. 문맥상 ㉢에 들어 갈 漢字를 쓰시오.   (   )

주50. ㉣을 표현하기에 적절한 성어를 漢字로 쓰시오.   (   )

※ 제시된 〈풀이〉에 맞게 (   )안의 한자들을 모두 이용하여 바르게 배열하시오.

주51. 父沒而不能讀父之書 (澤 爾 存 手 焉)

                    → (   )

〈풀이〉 아버지께서 돌아가시면 아버지의 책을 읽지 못하는 것은 손때가 남아있기 때문이다.

주52. (居 坐 席 主 奧 中 不 不)

       → (   )

〈풀이〉 거처함에 아랫목을 차지하지 않으며, 앉음에 자리 한가운데에 앉지 않는다.

주53. 楚國 無以爲寶 (寶 善 爲 惟 以)

                    → (   )

〈풀이〉 楚나라는 보배로 삼을 것이 없고, 오직 善人을 보배로 삼는다.

※ 다음 ○안에 들어갈 漢字·漢字語를 쓰시오.

주54. 物有本末 事有○○ 知所先後 則近道矣   (,   )

주55. 質諸鬼神而無疑 知天也 百世以俟聖人而不惑 知○也
                                                  (   )

주56. 凡爲人子之禮 冬溫而夏清 昏○而晨○   (,   )

주57. 心不在焉 視而不○ 聽而不聞   (   )

※ 다음 문장 중 밑줄 친 부분을 해석하시오.

주58. 大學之道 <u>在明德</u>
(   )

주59. <u>寒不敢襲 癢不敢搔</u>
(   )

주60. <u>醫不三世 不服其藥</u>
(   )

주61. <u>登城不指 城上不呼</u>
(   )

주62. <u>袵金革 死而不厭 北方之强也 而强者 居之</u>
(   )

주63. 執柯以伐柯 <u>睨而視之 猶以爲遠</u>
(   )

주64. <u>人莫知其子之惡</u>
(   )

주65. 君子 <u>無入而不自得焉</u>
(   )

※ 다음 표를 읽고 물음에 답하시오.

형식	설명	활용한자
학습목표 : 문장형식에 맞게 주로 활용되는 한자를 알고 설명할 수 있다.		
부정형	동작이나 상태, 또는 어떤 일을 부정함	不, 非, 未
의문형	상대방의 의사를 묻는 뜻을 나타냄	(㉠)
사동형	남에게 어떤 동작을 하게 함	(㉡)

주66. ㉠에 알맞은 漢字를 두 개만 쓰시오.　　　　　　　　(　 , 　)

주67. ㉡에 알맞은 漢字를 두 개만 쓰시오.　　　　　　　　(　 , 　)

※ **다음은 고등학교 교육해설의 내용이다. 빈 칸에 알맞은 말을 쓰시오.**

> (㉠)는 한문문장을 바르게 풀이할 수 있는지에 주안을 두어 평가하되, 주술, 주술목, 주술보 등의 문법지식평가에 치중하지 않도록 한다. 또, (㉡)는 기본적인 (㉢)의 쓰임과 역할을 통하여 문장을 바르게 독해할 수 있는지에 주안을 두어 평가하되, 전치사, 접속사, 어기사 등의 문법 지식 평가에 치중하지 않도록 한다.

주68. ㉠에 들어갈 한문의 평가요소를 4음절 또는 5음절로 쓰시오.
　　　　　　　　　　　　　　　　(　　　　　　　　　)

주69. ㉡과 ㉢에 공통으로 들어갈 한문의 평가요소를 2음절로 쓰시오.
　　　　　　　　　　　　　　　　(　　　　　)

※ **다음 물음에 답하시오.**

주70. 고려의 문신으로 은퇴 후 9재 학당을 설립하여 고려후기 사학(私學)의 진흥에 공헌했던 인물의 이름을 쓰시오.　　　　(　　　　　)

6회 국가공인 한자·한문지도사 1급 연습문제

● 객관식 (30문항)

과목1. 한자의 기초

※ 다음을 읽고 물음에 답하시오.

> 形聲자는 이미 만들어진 두 개 이상의 한자를 결합하여 形符와 聲符를 이룬다.
> 예) 言 + 靑 = 請, 周 + 彡 = ㉠彫

1. 위의 造字原理에 해당하는 漢字가 아닌 것은?
   ① 靴   ② 趣   ③ 慕   ④ 麗

2. ㉠과 부수가 같은 漢字는?
   ① 修   ② 須   ③ 影   ④ 珍

3. 다음은 부수가 변형된 형태로 사용된 漢字들이다. 부수의 원형과 그 뜻이 바르지 않은 것은?
   ① 卿 (卩: 병부)   ② 州 (巛: 내)   ③ 獄 (犬: 개)   ④ 膚 (虍: 범)

4. 다음 글에서 설명하는 漢字로 단어를 만들 때, 바르지 않은 것은?

> 이 한자는 '갈매기'를 뜻하며 漚와 同字이다. 鳥部에 속하며, 형성문자이다. 이 글자를 簡化하면 鸥이다.

   ① 白○   ② ○鷺   ③ 海○   ④ ○逐

5. 다음 중 밑줄 친 한자의 독음이 다른 것은?
   ① 謁見   ② 識見   ③ 見解   ④ 偏見

과목2. 한자의 활용

※ 다음 물음에 답하시오.

6. 다음 중 漢字語의 짜임이 나머지 셋과 다른 하나는?
   ① 垣墻   ② 懿戚   ③ 牌札   ④ 墮落

7. 밑줄 친 한자의 독음이 같은 것끼리 묶은 것은?
   ① 收拾-貳拾   ② 分泌-泌尿   ③ 査頓-斗頓   ④ 滑稽-圓滑

8. 다음 중 한자성어의 표기가 바른 것은?
   ① 夏爐冬扇   ② 肝膽嘗照   ③ 波瀾萬長   ④ 虎假狐威

9. 다음 중 ㉠과 가장 비슷한 뜻을 가진 한자어는?

   > 잘못 내리신 윤음을 거두고 부르심을 파하시어 치사의 성대한 법을 거행하여 ㉠乞骸를 허락해 주소서.   『선조실록』

   ① 請老   ② 乞神   ③ 求乞   ④ 拒絕

10. 밑줄 친 한자어의 쓰임이 바르지 않은 것은?
    ① 浚渫공사가 한창 진행 중이다.
    ② 좀더 敷衍해서 설명할 필요가 있다.
    ③ 온 백성은 임금의 下賜를 애도하였다.
    ④ 吝嗇한 부자가 손쓰는 가난뱅이보다 낫다.

과목3. 한자와 한문

※ 다음 글을 읽고 물음에 답하시오.

> 野鼠 欲爲其子 擇高婚 初謂惟天最尊 遂求之於天 天曰 我雖兼包萬有 非日月 則無以顯吾德 野鼠 求之於日月 日月曰 我雖普照 惟雲蔽之 彼居吾上乎 野鼠 求之於雲 雲曰 我雖使日月 失明 惟風吹散 彼居吾上乎 野鼠 求之於風 風曰 我雖能散雲 惟田間石佛 吹之不倒 彼居吾上乎 野鼠 求之於石佛 石佛曰 我雖不畏風 惟野鼠 穿我足底 則不免傾倒 彼居吾上乎 野鼠 於是 傲然自㉠說曰 天下之尊 莫我若也 遂婚於野鼠　　　　　　　　　　『旬五志』

11. '野鼠'의 구혼(求婚) 대상을 순서대로 나열한 것은?
    ① 天-日月-雲-風-石佛-野鼠
    ② 天-雲-日月-石佛-野鼠-風
    ③ 日月-石佛-雲-風-天-野鼠
    ④ 石佛-日月-雲-風-天-野鼠

12. 밑줄 친 ㉠의 뜻은?
    ① 談笑　　② 說明　　③ 遊說　　④ 喜悅

13. 위 글이 주는 교훈과 관련 있는 성어는?
    ① 昏定晨省　② 小貪大失　③ 日就月將　④ 安分知足

※ 다음 漢詩를 읽고 물음에 답하시오.

> 山僧貪月色　　幷汲一瓶中
> 到寺㉠方應覺　瓶傾月亦(㉡)

14. 위 시의 주제로 적절한 것은?
    ① 脫俗의 삶　　　　② 욕심을 경계함
    ③ 山寺의 경치　　　④ 곤궁한 농촌의 현실

15. ㉠의 뜻으로 적절한 것은?
    ① 方向　　② 方法　　③ 方針　　④ 今方

16. ㉡에 알맞은 漢字는?
    ① 空　　② 滿　　③ 出　　④ 白

※ 다음 글을 읽고 물음에 답하시오.

> 有非子 造無是翁曰 日有群議人物者 人有人翁者 人有不人翁者 翁何或人於人 或不人於人乎 翁聞而解之曰 ㉠<u>人人吾</u> 吾不喜 人不人吾 吾不懼 不如其人 人吾 而其不人 不人吾 吾且未知人吾之人 何人也 不人吾之人 何人也 (ⓐ)而人吾 則可喜也 (ⓑ)而不人吾 則亦可喜也 (ⓒ)而不人吾 則可懼也 (ⓓ)而人吾 則亦可懼也 喜㉡<u>與</u>懼 當審其人吾不人吾之人之人不人如何耳 故曰 (㉢)

17. 윗글의 주제로 적절한 것은?
    ① 어른을 공경하라.　　② 귀천을 가리지 말고 사랑하라.
    ③ 기쁨과 두려움은 욕심에서 나온다.　　④ 누구에게 인정받느냐가 중요하다.

18. ㉠과 문장의 구조가 같은 것은?
    ① 人易老　　② 臣事君　　③ 自然師也　　④ 恩深於海

19. 문맥상 '與'의 활용이 ㉡과 같이 쓰인 것은?
    ① 舜 其大知也<u>與</u>　　② <u>與</u>國人交 止於信
    ③ 迸諸四夷 不<u>與</u>同中國　　④ 富<u>與</u>貴 是人之所欲也

20. ⓐ~ⓓ에 알맞은 한자어를 차례로 나열한 것은?
    ① 人-不人-人-不人　　② 人-人-不人-不人
    ③ 不人-不人-人-人　　④ 不人-人-不人-人

21. 문맥상 ㉢에 알맞은 문장은?
    ① 致中和 天地位焉　　② 惟仁人 能愛人 能惡人
    ③ 喜怒哀樂之未發 謂之中　　④ 人莫不飮食也 鮮能知味也

※ 다음 예문을 읽고 물음에 답하시오.

> 此身死了死了　一白番更死了
> 白骨爲㉠塵土　魂魄有也無
> 向主(　㉡　)　寧有改理也歟

22. 위 시의 배경과 관련이 없는 것은?
① 何如歌　② 鄭夢周　③ 李芳遠　④ 烏竹軒

23. ㉠의 속뜻으로 적절한 것은?
① 영광　② 치욕　③ 청렴　④ 죽음

24. 문맥상 ㉡에 알맞은 말은?
① 切磋琢磨　② 一片丹心　③ 發憤忘食　④ 不俱戴天

※ 다음 물음에 답하시오.

> (가) ⓐ子曰 ⓑ武王周公 其達(　) 矣乎 ㉠夫孝者 善繼人之志 善述人之事者也
>
> (나) 子曰 ⓒ文武之政 布在㉡方策 其人存 則其政擧 其人㉢亡 則其政㉣息
>
> (다) ⓓ仲尼 祖述ⓔ堯舜 憲章文武 上㉤律天時 下襲水土

25. ⓐ~ⓔ에 대한 설명으로 바르지 않은 것은?
① ⓐ와 ⓓ는 같은 인물이다.　② ⓑ는 父子관계이다.
③ ⓒ는 父子관계이다.　④ ⓔ는 君臣관계이다.

26. ㉠~㉤에 대한 설명으로 바르지 않은 것은?
① ㉠은 대명사이다.　② ㉡은 고대의 書冊이다.
③ ㉢과 ㉣은 유사관계이다.　④ ㉤은 동사이다.

27. (　)에 알맞은 漢字는?
① 忠　② 孝　③ 仁　④ 誠

※ 다음 물음에 답하시오.

28. 우리나라 조선시대 교육에 관한 설명으로 옳지 않은 것은?
    ① 의례와 사회예속을 불교화하였다.
    ② 중앙에는 성균관과 사학(四學)을 설치하였다.
    ③ 지방에는 향교를 설치하였다.
    ④ 『주자가례』등의 윤리서를 보급하였다.

29. 한자어에 대한 설명으로 바르지 않은 것은?
    ① 반드시 둘 이상의 한자가 결합하여야 성립된다.
    ② 조어력이 뛰어나 한국어의 주류를 이룬다.
    ③ 한자어의 뜻에 따라 한자의 음이 변하기도 한다.
    ④ 한자어의 음은 '두음법칙'이나 '활음조 현상' 등 국어의 음운 법칙과 밀접하게 관련 되어 있다.

30. 한문교과의 평가계획과 거리가 먼 것은?
    ① 한시는 시어의 모든 韻字를 철저하게 평가한다.
    ② 평가가 각 영역에 균형 있게 이루어질 수 있도록 계획을 수립한다.
    ③ 한자어는 언어생활과 문장 독해에 활용할 수 있는 지에 대해 평가한다.
    ④ 고사성어는 그 속뜻을 이해하고 있는지의 여부에 중점을 두고 평가한다.

● 주관식 (70문항)

과목1. 한자의 기초

※ 다음 물음에 답하시오.

주1. 다음을 읽고 ㉠과 ㉡에 적합한 용어를 써 넣으시오. (㉠   , ㉡   )

> 그림 이외의 다른 방법의 하나로 끈과 매듭을 이용하여 일정한 매듭을 묶어서 표시하거나 나무에 흔적을 남겨 일이 있음을 알렸다. 이를 ㉠(   ), 또는 ㉡(   )(이)라고 한다.

주2. 다음을 읽고 ㉠과 ㉡에 적합한 용어를 써 넣으시오. (㉠   , ㉡   )

> 일반적으로 중국에서 문자를 구분할 때 ㉠(   ) 이후부터 근대 문자로 분류하며 이 ㉠(   )(은)는 진시황 때의 사관인 *程邈*이 이전의 글자체인 ㉡(   )(을)를 실용성을 위주로 하여 번다한 획수를 줄여 만든 것이다.

※ 다음 □안에 공통으로 들어가 각각 다른 의미로 사용되는 漢字를 쓰시오.

주3. (   )

> ㉠ 要□: 군사적으로 중요한 곳에 튼튼하게 만들어 놓은 방어 시설
> ㉡ 甕□: 형편이 넉넉하지 못하여 생활에 필요한 것이 없거나 부족함

주4. (   )

> ㉠ □携: 행동을 함께하기 위하여 서로 붙들어 도와줌
> ㉡ 菩□樹: 석가모니가 그 아래에서 진리를 깨달아 불도를 이루었다고 하는 나무

※ 다음 물음에 답하시오.

주5. 다음 글은 六書 중 하나를 설명한 것이다. ㉠에 알맞은 어휘를 漢字로 쓰시오.
(   )

| (㉠)者 此類合誼 以見指撝 武信是也 |

주6. 다음 중국어 문장 중 ㉠을 繁體字로 쓰시오.   (   )

| 別人也摸不着这话是真心还是㉠讥笑 |
| 다른 사람도 이 이야기가 진심인지 비웃는 것인지 종잡을 수가 없었다. |

※ 다음 □안에 類義字를 넣어 한자어를 완성하시오.

주7. 逼□ : 바싹 죄어서 몹시 괴롭게 굶   (   )

주8. 瘦□ : 몸이 몹시 야위고 마른 듯함   (   )

※ 다음 漢字를 簡體字로 쓰시오.

주9. 還 :   (   )

주10. 確 :   (   )

과목2. 한자의 활용

※ 다음 □안에 공통으로 들어갈 漢字를 쓰시오.

주11. 手□   扼□   □力   (   )

주12. 治□   快□   □着   (   )

※ 다음에 설명하는 단어를 漢字로 쓰시오.

주13. 남루 : 낡아 해진 옷   (   )

주14. 작보 : 까치가 지저귀는 소리라는 뜻으로 길조를 이르는 말 (   )

※ 다음 한자어의 속뜻을 쓰시오.

주15. 鷄肋 : (   )

주16. 槿域 : (   )

※ 다음 글을 읽고 물음에 답하시오.

> (가) ㉠蓬生麻中 不扶而直 白沙在涅 與之俱黑
> (나) 近墨者黑 ≒ (㉡)化爲枳

주17. ㉠의 뜻을 가진 成語를 漢字로 쓰시오.   (   )

주18. ㉡에 들어갈 漢字를 쓰시오.   (   )

※ 다음 글을 읽고 물음에 답하시오.

> 위원장 보궐선거의 파행으로 ㉠촉발된 민주노총의 ㉡내홍이 장기화 될 조짐을 보이고 있다.

주19. ㉠을 漢字로 쓰시오.   (   )

주20. ㉡을 漢字로 쓰시오.   (   )

※ 다음 문장을 읽고 물음에 답하시오.

> (가) 盧生이 한단의 장터에서 도사呂翁의 베개를 베고 잠들어 있는 동안 일생의 경력을 모두 꿈꾼 고사에서 나온 말로, 인간 일생의 榮枯盛衰는 한바탕 꿈에 지나지 않음을 깨달았다.
> (나) 이 이야기에서 '㉠한단지몽'이란 말이 비롯되었으며, 한단몽·한단지침·한단몽침·노생지몽·황량지몽·㉡일취지몽이라고도 한다.

주21. ㉠을 漢字로 쓰시오.   (   )

주22. ㉡을 漢字로 쓰시오.   (   )

연습문제 6회

※ 다음 글을 읽고 물음에 답하시오.

진시황이 죽자 秦나라의 ㉠<u>가혹</u>한 법과 **抑壓**에 **抗拒**하는 **反亂**과 ㉡<u>소요</u>가 전국 각지에서 일어났다. 그 무렵 趙나라에는 옛 **領土**를 평정한 무신군이 있었다. 이 때 범양의 **辯舌家**인 괴통은 현령인 서공에게 무신군을 만나 "만일 당신이 범양을 공격하면 여러 곳의 현령들은 모두가 ㉢<u>끓는 물의 못에 둘러싸인 강철</u> 성처럼 반드시 성을 굳게 지켜 공격할 수 없겠지만, 범양의 현령을 후하게 맞이하고 다른 곳으로 사자를 보내면 그것을 보고 모두 싸우지 않고 항복할 것이다."라고 설복하겠다고 말했다.

주23. ㉠을 漢字로 쓰시오.　　　　　　　　　　　　　　(　　　　　　　)

주24. ㉡을 漢字로 쓰시오.　　　　　　　　　　　　　　(　　　　　　　)

주25. ㉢을 뜻하는 성어를 漢字로 쓰시오.　　　　　　　　(　　　　　　　)

과목3. 한자와 한문

※ 다음 漢詩를 읽고 물음에 답하시오.

近來安否問如何　　月白紗窓妾恨多
若使㉠<u>몽혼</u>行有跡　　㉡<u>門前石路已成沙</u>

주26. 위 시의 주제를 간략히 쓰시오. (　　　　　　　　　)

주27. ㉠을 漢字로 쓰시오.　　　　　　　　　　　　　　(　　　　　　　)

주28. 위 시에서 **作者** 자신을 나타내는 漢字를 찾아 쓰시오. (　　　　　)

주29. ㉡을 해석하시오.　　　　　　　　(　　　　　　　　　)

※ 다음 글을 읽고 물음에 답하시오.

(가) 司馬溫公曰 凡議(㉠) 當先察其婿與婦之性行及家法何如
勿苟慕其(㉡) 婿苟賢矣 今雖貧賤 安知異時 不富貴乎 苟
爲㉢불초 今雖富盛 ㉣安知異時 不貧賤乎

(나) 安定胡先生曰 嫁女必須㉤勝吾家者 勝吾家 則女之事人 必
欽必戒 娶婦 必須不若吾家者 不若吾家 則婦之事㉥舅姑 必
執婦道

주30. 문맥상 ㉠에 알맞은 2음절의 한자어를 쓰시오.　　　(　　　　　)

주31. (가)에서 사위와 며느리를 고르는 기준으로 제시한 세 가지를 모두 쓰시오.
(　　　,　　　,　　　)

주32. 문맥상 ㉡에 들어갈 2음절의 한자어를 (가)에서 찾아 쓰시오.
(　　　　　)

주33. ㉢을 漢字로 쓰시오.　　　(　　　　　)

주34. ㉣을 해석하시오.
(　　　　　　　　　　　　　)

주35. 문맥상 ㉤의 뜻을 쓰시오.　　　(　　　　　)

주36. ㉥의 뜻을 쓰시오.　　　(　　　　　)

※ 다음 글을 읽고 물음에 답하시오.

(가) 所謂治國 必先齊其家者 其家不可敎 而能敎人者 無之 故君
子㉠不出家而成敎於國 (ⓐ)者 所以事君也 弟者 所以事長
也 慈者 所以使衆也　　　『大學』

(나) 所謂平天下 在治其國者 上老老而民興(ⓑ) 上長長而民興
弟 上㉡휼고而民不倍 是以 君子有絜矩之道也　　　『大學』

주37. ㉠을 해석하시오.
( )

주38. ⓐ와 ⓑ에 공통으로 들어갈 漢字를 쓰시오. ( )

주39. ㉡을 漢字로 쓰시오. ( )

※ 다음 글을 읽고 물음에 답하시오.

> (가) 君子之道 費而(ⓐ)
> (나) 莫見乎(ⓑ) 莫顯乎微 故君子 愼其獨也
> (다) 忠恕 ㉠違道不遠 施ⓒ諸己而不願 亦勿施於人
> (라) 凡ⓓ諸卑幼 事無大小 毋得㉡전행 必咨稟於家長

주40. ⓐ와 ⓑ에 공통으로 들어갈 漢字를 쓰시오. ( )

주41. ㉠을 해석하시오.
( )

주42. 문맥에 맞게 ⓒ와 ⓓ의 뜻을 각각 쓰시오. (ⓒ   , ⓓ   )

주43. ㉡을 漢字로 쓰시오. ( )

※ 다음 글을 읽고 물음에 답하시오.

> 金先生 善談笑 嘗訪友人家 主人設酌 只佐蔬菜 先謝曰家貧市遠 ㉠絶無兼味 惟淡泊 是愧耳 適有群鷄 亂啄庭除 金曰大丈夫 不惜千金 ㉡當斬吾馬 佐酒 主人曰斬馬 騎何物而還 金曰借鷄騎還 主人大笑 殺鷄飼之

주44. ㉠과 반대의 뜻을 지닌 사자성어를 漢字로 쓰시오. ( )

주45. ㉡을 해석하시오. ( )

주46. 윗글에서 강조하고 있는 주인공의 성격은? ( )

※ 다음 글을 읽고 물음에 답하시오.

(가) 瞻彼淇澳 菉竹猗猗 有斐君子 如切如磋 如(ⓐ)如(ⓑ) 瑟兮僩兮 赫兮喧兮 有斐君子 ㉠終不可諼兮 『大學』

(나) ㉡於戱 前王不忘 君子 賢其賢而親其親 (㉢) 樂其樂而利其利 此以沒世不忘也 『大學』

주47. ⓐ와 ⓑ에 들어 갈 漢字를 차례로 쓰시오. (ⓐ   , ⓑ   )

주48. ㉠을 해석하시오. (   )

주49. ㉡의 품사를 쓰시오. (   )

주50. ㉢에 들어갈 2음절의 한자어를 漢字로 쓰시오. (   )

※ 제시된 〈풀이〉에 맞게 (   )안의 한자들을 모두 이용하여 바르게 배열하시오.

주51. (君 器 不 貧 雖 子 祭 鬻)

  → (   )

  〈풀이〉 군자는 비록 가난하지만 제기를 팔지 않는다.

주52. 君子 (其 極 無 所 不 用)

  → (   )

  〈풀이〉 군자는 그 極을 쓰지 않는 바가 없는 것이다.

주53. 君子 素其位而行 (其 外 願 不 乎)

  → (   )

  〈풀이〉 君子는 현재의 위치에 따라 행하고, 그 밖의 것을 원하지 않는다.

※ 다음 ○안에 들어갈 漢字·漢字語를 쓰시오.

주54. 德者 ○也 財者 末也　　　　　　　　　　(　　　　　)

주55. 凡爲人子者 居不主○ 坐不中○ 行不中道 立不中門
　　　　　　　　　　　　　　　　　　　　　(　　,　　)

주56. 文武之政 布在方策 其人存則其政○ 其人亡則其政息
　　　　　　　　　　　　　　　　　　　　　(　　　　　)

주57. 子曰○○之爲德 其盛矣乎 視之而弗見 聽之而弗聞 體物而不可遺
　　　　　　　　　　　　　　　　　　　　　(　　,　　)

※ 다음 문장에서 밑줄 친 부분을 해석하시오.

주58. 婦人妊子 寢不側 <u>坐不邊 立不蹕</u>
　　(　　　　　　　　　　　　　　　　　　　　　)

주59. <u>賢賢 易色</u>
　　(　　　　　　　　　　　　　　　　　　　　　)

주60. <u>爲之者疾 用之者舒</u>
　　(　　　　　　　　　　　　　　　　　　　　　)

주61. <u>有弗學 學之 弗能 弗措也</u>
　　(　　　　　　　　　　　　　　　　　　　　　)

주62. 六年 <u>敎之數與方名</u>
　　(　　　　　　　　　　　　　　　　　　　　　)

주63. <u>在下位 不獲乎上 民不可得而治矣</u>
　　(　　　　　　　　　　　　　　　　　　　　　)

주64. <u>春眠不覺曉 處處聞啼鳥</u>
　　(　　　　　　　　　　　　　　　　　　　　　)

주65. <u>三十而有室 始理男事</u>
　　(　　　　　　　　　　　　　　　　　　　　　)

※ 다음 표를 읽고 물음에 답하시오.

학습목표 : 漢字의 허사 중에 종결어기사의 종류와 뜻을 설명할 수 있다.
1) (㉠) 단정, 결정의 뜻을 나타내는 종결 어기사로 '~(하)다, ~(이)다' 등으로 풀이한다.
2) (㉡) 화자의 생각을 한정지어 나타내는 한정 어기사로 '~일 뿐이다', '~일 따름이다' 등으로 풀이한다. 한정의 뜻을 가진 부사와 호응되기도 한다.

주66. ㉠에 알맞은 종결 어기사를 두 개만 漢字로 쓰시오.   (,   )

주67. ㉡에 알맞은 종결 어기사를 두 개만 漢字로 쓰시오.   (,   )

※ 다음 물음에 답하시오.

주68. 成均館의 하급 官學으로 향촌에 유교적 습속을 보급하고 사회교육을 담당하였던 조선시대 지방공립교육기관의 역할을 했던 곳의 이름을 쓰시오.
(   )

주69. 태조 7년(1398)에 서울(한양)에 건립된 조선의 국립 고등교육기관으로 유교적 관리양성과 문묘의 기능을 하였던 교육기관의 명칭을 쓰시오. (   )

주70. 권근(權近)이 저술한 책으로 35개의 그림으로 구성하여 유학의 근본원리를 쉽게 이해 할 수 있도록 시각적으로 표현한 교육서의 제목을 漢字로 쓰시오.
(   )

1회

국가공인
한자·한문지도사 1급 기출문제

수험번호 ☐☐☐-☐☐-☐☐-☐☐☐☐ **성명**

※ 수험생 유의사항

☐ 시험 시간은 **80분**간입니다.
☐ 객관식 **30문항**, 주관식 **70문항**으로 총 **100문항**입니다.
☐ 수험표에 표기된 응시급수와 문제지의 급수가 같은지 확인하시오.
☐ 답안지에 성명, 수험번호, 주민등록번호를 정확하게 표기하시오.
☐ 답안지의 객관식 답안란에는 컴퓨터용 펜을 사용하시오.
☐ 답안지의 객관식 답안의 수정은 수정테이프 만을 사용하시오.
☐ 답안지의 주관식 답안란에는 반드시 검정색펜을 사용하고, 수정은 두 줄로 긋고 다시 작성하시오.
☐ 수험생의 잘못으로 인해 답안지에 이물질이 묻거나, 객관식 답안에 복수로 체크할 경우 오답으로 처리되니 주의하시오.
☐ 감독관의 지시가 있을 때까지 문제를 풀지 마시오.
☐ 시험 종료 후에는 필기도구를 내려놓고 감독관의 지시를 따르시오.
☐ 시험문제지와 답안지를 감독위원에게 모두 제출하시오.

社團法人 **漢字教育振興會**
한국한자실력평가원

국가공인 한자·한문지도사 1급 기출문제

1회

객관식(30문항)

과목1. 한자의 기초

※ 다음 六書에 관한 설명을 읽고 물음에 답하시오.

> ㉠ 눈에 보이는 사물의 구체적인 모양을 회화적으로 본떠 그 모양에서 뜻을 이끌어낸 방법
>
> ㉡ 이미 만들어진 두 개 이상의 한자를 결합해서 새로운 한 글자를 만드는 방법으로, 그 글자들의 뜻을 모아 처음의 글자들과는 전혀 다른 새로운 뜻을 가진 글자를 만드는 방법
>
> ㉢ 뜻은 전혀 상관없이 음만 빌려 쓰는 방법

1. ㉠의 설명에 해당하는 漢字는?
   ① 上 ② 末 ③ 籠 ④ 龍

2. ㉡이 설명하는 것은?
   ① 象形 ② 會意 ③ 形聲 ④ 假借

3. ㉢의 용례로 적절한 것은?
   ① 亞細亞 ② 摩天樓 ③ 走馬燈 ④ 別天地

※ 다음 물음에 답하시오.

4. 다음은 부수가 변형된 형태로 사용된 한자들이다. 부수의 원형과 그 뜻이 바르지 않은 것은?
   ① 爲 : 爪(손톱)   ② 也 : 乙(새)
   ③ 劍 : 刀(칼)   ④ 郡 : 阜(언덕)

5. 다음 중 한자체(漢字體)의 변천에 대한 설명으로 바르지 않은 것은?
   ① 가장 오래된 한자의 모습은 甲骨文이다.
   ② 金石文은 주로 청동기나 돌에 새겨졌다.
   ③ 楷書는 草書를 간략히 한 것이다.
   ④ 중국정부는 楷書를 더욱 간략히 하여 簡體字를 개발·보급하였다.

과목2. 한자의 활용

※ 다음 물음에 답하시오.

6. 다음 중 漢字語의 짜임이 나머지 셋과 다른 하나는?
   ① 堪耐 ② 敦篤 ③ 恰似 ④ 喫煙

7. 다음 중 한자어의 독음이 바르지 않은 것은?
   ① 董督 : 동독   ② 殺到 : 쇄도
   ③ 滑稽 : 활계   ④ 亘古 : 긍고

8. 다음 중 한자성어의 표기가 바른 것은?
   ① 焚書更儒   ② 下石上代
   ③ 膠柱鼓瑟   ④ 守株對兎

9. 다음 중 한자어의 뜻이 바르지 않은 것은?
   ① 堵列 : 많은 사람이 죽 늘어섬
   ② 鄒魯 : 맹자와 순자를 이르는 말
   ③ 堪輿 : 하늘과 땅을 이르는 말
   ④ 穎脫 : 훌륭한 재능이 밖으로 드러남

10. 밑줄 친 한자어의 쓰임이 바르지 않은 것은?
    ① 그 노래는 한 시대를 風靡했다.
    ② 그는 麾下에 2남 1녀를 두었다.
    ③ 부정부패의 剔抉에 앞장섰다.
    ④ 순간의 실수로 모든 일이 水泡로 돌아갔다.

과목3. 한자와 한문

※ 다음 글을 읽고 물음에 답하시오.

> 金先生 善談笑 嘗訪友人家 主人 設酌 ㉠只佐蔬菜
> (가) 主人曰 斬馬 騎何物而還
> (나) 金曰 大丈夫 不惜千金 當斬吾馬 佐酒
> (다) 先謝曰 家貧市遠 絶無兼味 惟淡泊 是愧耳 適有群鷄 亂啄庭除
> 金曰 借(㉡)騎還 主人 大笑 殺(㉢)餉之

11. 위 글의 (가)~(다)를 내용상 순서대로 바르게 배열한 것은?
   ① (가)-(나)-(다)   ② (가)-(다)-(나)
   ③ (나)-(가)-(다)   ④ (다)-(나)-(가)

12. ㉠에서 알 수 있는 주인의 태도는?
   ① 隆崇   ② 豪華   ③ 吝嗇   ④ 恭遜

13. ㉡과 ㉢에 알맞은 한자를 차례로 배열한 것은?
   ① 鷄 – 鷄   ② 馬 – 鷄
   ③ 鷄 – 馬   ④ 馬 – 馬

※ 다음 漢詩를 읽고 물음에 답하시오.

> 白ⓐ之徵何慘毒　　同隣一族橫罹厄
> 鞭撻朝暮嚴科督　　前村走匿後村哭
> ㉠鷄狗賣盡償不足　　㉡悍吏索錢錢何得
> 父子兄弟不相保　　皮ⓑ半死就凍獄

14. ㉠과 ㉡을 표현하기에 적절한 성어는?
   ① 患難相恤   ② 苛斂誅求
   ③ 刻骨難忘   ④ 走馬加鞭

15. ⓐ와 ⓑ에 공통으로 들어갈 漢字로 적절한 것은?
   ① 姓   ② 天   ③ 雲   ④ 骨

16. 위 시의 전체적인 느낌은?
   ① 絶望的   ② 復古的   ③ 希望的   ④ 反省的

※ 다음 글을 읽고 물음에 답하시오.

> (가) 知㉠足可樂　務貪則憂
> (나) 濫想㉡徒傷神　妄動㉢反致禍
> (다) 貧居㉣鬧市無相識　富住深山有遠親
> (라) 寧塞無底缸　難塞鼻下橫
> 　　　　　　　　　　　<明心寶鑑>

17. (가)와 (나)의 공통적인 주제로 적절한 것은?
   ① 孝行   ② 安分   ③ 治國   ④ 中庸

18. ㉠~㉣의 의미로 적절하지 않은 것은?
   ① ㉠ – 만족   ② ㉡ – 무리
   ③ ㉢ – 도리어   ④ ㉣ – 시끄럽다

19. (다)와 유사한 의미를 지닌 성어는?
   ① 安貧樂道   ② 無爲自然
   ③ 炎凉世態   ④ 門前成市

20. (라)와 같은 주제를 지닌 속담은?
   ① 내 코가 석자다.
   ② 등잔 밑이 어둡다.
   ③ 업은 아기 삼년 찾는다.
   ④ 발 없는 말이 천 리 간다.

※ 다음 물음에 답하시오.

21. ≪大學≫에 대한 설명으로 바르지 않은 것은?
   ① 儒家 경전의 하나이다.
   ② 經1장 傳10장으로 구성되어 있다.
   ③ 四書 중 가장 기본이 되는 책으로 알려져 있다.
   ④ 공자와 그의 제자들이 나눈 문답이 주된 내용이다.

※ 다음 글을 읽고 물음에 답하시오.

> 伯兪有㉠過　其母笞之　泣　其母曰　他日笞子未嘗泣　㉡今泣　何也　對曰　兪得罪　笞常痛　今母之力　不能使痛　是以泣

22. 위의 내용의 주제로 알맞은 것은?
   ① 孝   ② 忠   ③ 誠   ④ 義

23. '過'의 뜻이 ㉠과 같이 활용된 것은?
   ① 過猶不及   ② 知過必改
   ③ 過去之事   ④ 過激發言

24. ㉡과 문장의 형식이 같은 문장은?
   ① 上善若水
   ② 國雖大 好戰必亡
   ③ 漢陽中 誰最富
   ④ 直不百步耳 是亦走也

25. 위 글에 대한 이해로 적절하지 못한 것은?
   ① 백유는 잘못이 있어서 매를 맞았다.
   ② 백유는 매를 맞으면 잘 울곤 했다.
   ③ 백유는 이전에도 매 맞은 일이 있다.
   ④ 백유는 어머니를 생각하는 마음이 각별했다.

※ 다음 물음에 답하시오.

26. 다음 중 崔冲에 대한 설명으로 적절하지 않은 것은?
   ① 九齋를 설립하였다.
   ② 조교제 방식을 운영하여 하였다.
   ③ 과거위주의 교육에 반대하였다.
   ④ 교육방법으로 夏課와 刻燭賦詩가 있었다.

27. 다음 중 조선시대의 관학이 아닌 것은?
   ① 成均館 ② 四學 ③ 鄕校 ④ 書堂

28. 한자·한문교육의 성격으로 적절하지 않은 것은?
   ① 도구교과의 성격을 지닌다.
   ② 전통문화의 계승과 발전에 기여한다.
   ③ 한자문화권내에서의 상호 이해 증진에 기여한다.
   ④ 고답적이거나 형이상학적인 내용들은 청소년의 실생활에 도움을 준다.

29. 한문교과의 평가계획과 거리가 먼 것은?
   ① 한시는 특징 및 형식평가에 치중한다.
   ② 평가가 각 영역에 균형 있게 이루어질 수 있도록 계획을 수립한다.
   ③ 한자어는 언어생활과 문장 독해에 활용할 수 있는지에 대해 평가한다.
   ④ 고사성어는 그 속뜻을 이해하고 있는지의 여부에 중점을 두고 평가한다.

30. 평생교육의 특성으로 적절하지 않은 것은?
   ① 교육자 중심의 교육을 지향한다.
   ② 능동적이고 자발적인 교육을 지향한다.
   ③ 모든 종류의 교육을 정당한 교육으로 인정한다.
   ④ 각종 교육활동은 긴밀한 횡적·종적 연계하여 통합 운영된다.

주관식(70문항)

과목1. 한자의 기초

※ 다음 설명을 읽고 물음에 답하시오.

> (가) 한자 자형의 변천
>   甲骨文 → 金文 → 大篆 → 小篆 → (㉠) → 楷書
>
> (나) 小篆은 秦의 자형통일정책이 실현되어 승상(㉡)가 획일화한 자형이다.

주1. ㉠에 알맞은 단어를 漢字로 쓰시오.
(   )

주2. ㉡에 알맞은 인물의 이름을 쓰시오.
(   )

※ 다음 밑줄 친 한자의 음(소리)을 주어진 설명에 맞게 각각 차례로 쓰시오.

주3. (㉠   ㉡   )

> ㉠ 齊衰 : 상복의 하나
> ㉡ 盛衰 : 성하고 쇠퇴함

주4. (㉠   ㉡   )

> ㉠ 拒否 : 소통되지 못하고 막힘
> ㉡ 否塞 : 군사적으로 중요한 곳에 튼튼하게 만들어 놓은 방어 시설

※ 다음 □ 안에 **類義字**를 넣어 한자어를 완성하시오.

주5. □跌 : 하던 일이 계획이나 의도에서 벗어나 틀어지는 일
(   )

주6. 軋□ : 서로 의견이 맞지 아니하여 사이가 안 좋거나 충돌하는 것을 이르는 말
(   )

※ 다음 □안에 **反義字**를 넣어 한자어를 완성하시오.

주7. □牡 : 짐승의 암컷과 수컷을 아울러 이르는 말
( )

주8. 浮□ : 세력 따위가 성하고 쇠함을 비유적으로 이르는 말
( )

※ 다음 한자를 간체자(**簡體字**)로 쓰시오.

주9. 處 : ( )

주10. 聽 : ( )

과목2. 한자의 활용

※ 다음 □안에 공통으로 들어갈 漢字를 쓰시오.

주11. 敏□　　大□　　□徑　　( )

주12. 蔓□　　遲□　　□期　　( )

※ 다음 문장의 밑줄 친 단어에 적합한 한자어를 쓰시오.

주13. 종묘와 <u>사직</u>은 국가의 상징이다.
( )

주14. 정든 회사를 <u>사직</u>하려니 눈물이 아른거렸다.
( )

※ 다음 설명에 해당하는 단어를 漢字로 쓰시오.

주15. 여염 : 백성의 살림집이 많이 모여 있는 곳
( )

주16. 효시 : 어떤 사물이나 현상이 시작되어 나온 맨 처음을 비유적으로 이르는 말
( )

※ 다음 한자어의 속뜻을 쓰시오.

주17. 須臾 : ( )

주18. 鷄肋 : ( )

※ 다음 글을 읽고 물음에 답하시오.

> ㉠<u>뽕나무밭이 변하여 푸른 바다가 된다더니</u>, 불과 10년 전만 해도 논밭이었던 그 곳은 빌딩들이 ㉡<u>즐비</u>하게 늘어선 도심이 되었다.

주19. ㉠을 뜻하는 성어를 漢字로 쓰시오.
( )

주20. ㉡을 漢字로 쓰시오. ( )

※ 다음 글을 읽고 물음에 답하시오.

> ㉠<u>유비는 관우, 장비와 복숭아 나무 아래에서 의형제를 맺고 한실 부흥을 위해 군사를 일으켰다.</u> 그러나 군기를 잡고 계책을 세워 전군을 통솔할 군사가 없어 늘 조조군에게 고전을 면치 못했다. <중략>
> 그 후 제갈량의 별명이 ㉡<u>와룡</u>이란 것을 안 유비는 즉시 수레에 예물을 싣고 양양 땅에 있는 제갈량의 초가집을 찾아 갔다. 그러나 제갈량은 집에 없었다. 며칠 후 또 찾아갔으나 역시 출타하고 없었다. "전번에 다시 오겠다고 했는데. 이거, 너무 무례하지 않습니까? 듣자니 그 자는 아직 나이도 젊다던데..." 마침내 동행했던 관우와 장비의 불평이 터지고 말았다. ㉢<u>관우와 장비가 극구 만류하는데도 유비는 단념하지 않고 세 번째 방문길에 나섰다.</u>

주21. ㉠의 일화에서 나온 성어를 漢字로 쓰시오.
( )

주22. ㉡을 漢字로 쓰시오. ( )

주23. ㉢의 일화에서 나온 성어를 漢字로 쓰시오.
( )

※ 다음 글을 읽고 물음에 답하시오.

> (가) 장자가 어느 날 꿈을 꾸었다. 그는 꿈속에서 나비가 되어 꽃들 사이를 즐겁게 날아다녔다. 그러다 문득 눈을 떠 보니, 자신은 틀림없이 인간 장주가 아닌가. 그러나 이것이 장주가 꿈에서 나비가 된 것인지, 아니면 나비가 꿈에서 장주가 되어 있는 것인지, 그 어느 쪽이라고 말할 수 없었다.
> (나) 장자가 말했다. "현실의 모습으로 얘기하자면 나와 나비 사이에는 확실히 구별이 있다. 하지만 이것은 물의 변화, 현상계에 있어서의 한 때의 모습일 뿐이다." 또 장자는, "㉠<u>천지는 나와 나란히 생기고, 만물은 나와 하나다.</u>"

주24. (가)의 일화에서 나온 성어를 漢字로 쓰시오.
(   )

주25. ㉠을 뜻하는 성어를 漢字로 쓰시오.
(   )

과목3. 한자와 한문

※ 다음 漢詩를 읽고 물음에 답하시오.

> 帶雨鋤禾伏畝中　形容醜黑豈人容
> 王孫公子㉠休輕侮　富貴㉡호사出自儂

주26. 위 시의 주제를 간략히 쓰시오.
(   )

주27. ㉠을 해석하시오.
(   )

주28. ㉡을 漢字로 쓰시오.
(   )

※ 다음 글을 읽고 물음에 답하시오.

> (가) 世多說㉠東明王神異之事　雖㉡愚夫騃婦 亦頗能說其事 (중략) 東明之事 非以變化神異 眩惑衆目 乃實創國之神迹 則此而不述 後將何觀 是用作詩以記之 欲使夫天下知我國本聖人之都耳
> <東國李相國集>
>
> (나) 昔 新羅薛聰 始作㉢吏讀 官府民間 至今行之 然 皆假字而用 至於言語之間 則不能達其萬一焉 癸亥冬 我殿下創制正音二十八字 略揭例義 以示之 名曰(㉣) 以二十八字 而轉換無窮 簡而要 精而通 故 智者 不終朝而會 愚者 可浹旬而學 <鄭麟趾序>

주29. ㉠의 본명을 漢字로 쓰시오.(   )

주30. ㉡과 같은 뜻을 지닌 성어를 漢字로 쓰시오.
(   )

주31. (가)에서 저자가 동명왕편을 지은 가장 주된 이유를 간략히 쓰시오.
(   )

주32. ㉢의 독음을 쓰시오.
(   )

주33. ㉣에 알맞은 4음절의 書名을 漢字로 쓰시오.
(   )

※ 다음 글을 읽고 물음에 답하시오.

> (가) (㉠)同受父母遺體 與我ⓐ如一身 視之當無㉡피아之間 飮食衣服有無 皆當共之
>
> (나) 凡(㉢)親者 自度一一從禮 ㉣無毫分虧欠 則當依禮返魂 ⓑ如或未然 則當依舊俗㉤廬墓 可也　　<擊蒙要訣>

주34. ㉠에 알맞은 2음절의 단어를 漢字로 쓰시오.
(   )

주35. ㉡을 한자로 쓰시오. (   )

주36. ㉢에 알맞은 漢字를 쓰시오. (   )

주37. ㉣을 해석하시오.
(   )

주38. ㉤의 뜻을 쓰시오.
(   )

주39. 문맥상 ⓐ와 ⓑ의 뜻을 차례로 쓰시오.
(ⓐ   ⓑ   )

※ 다음 글을 읽고 물음에 답하시오.

> (가) 曾子有疾 召門弟子曰 啓予足 啓予手 詩云 戰戰兢兢 如臨深淵 ㉠여리박빙 而今而後 吾知免夫 小子
>
> (나) (㉡)則扇枕席 冬則㉢以身溫被 隆冬盛寒 體常無全衣 而親極滋味

(다) 趙襄子殺智伯 漆其頭 以爲飮器 智伯
之臣豫讓 欲爲ⓐ之報仇 乃詐爲㉣刑人
挾㉤비수 入襄子宮中 塗廁 左右欲殺
ⓑ之 襄子曰 智伯 死無後 而此人 欲
爲報仇 眞義士也 ㉥吾謹避之耳

주40. ㉠을 漢字로 쓰시오.　　(　　　　　)
주41. ㉡에 알맞은 漢字를 쓰시오.(　　　　　)
주42. ㉢을 해석하시오.
　　　(　　　　　　　　　　　　　　　)
주43. ㉣의 뜻을 쓰시오.　　(　　　　　)
주44. ㉤을 漢字로 쓰시오.　(　　　　　)
주45. ㉥과 같이 말한 이유를 간략히 쓰시오.
　　　(　　　　　　　　　　　　　　　)
주46. ⓐ와 ⓑ가 각각 지시하는 대상을 본문에서
　　　찾아 차례로 쓰시오.
　　　(ⓐ　　　　　　　ⓑ　　　　　　　)

※ 다음 글을 읽고 물음에 답하시오.

(가) 生財有大道 生之者(㉠) 食之者寡 爲之
者ⓐ疾 用之者舒 則財恒足矣
(나) 君子先愼乎德 有德此有人 有人此有土 有
土此有財 有財此有用 (㉡)者本也 財者末
也 ㉢外本內末 爭民施奪 是故 財聚則民散
財散則民聚
(다) 父母怒不悅而撻之流血 不敢ⓑ疾怨 起敬
起孝

주47. ㉠에 알맞은 漢字를 쓰시오. (　　　　)

주48. ㉡에 알맞은 漢字를 본문에서 찾아 쓰시오.
　　　　　　　　　　　　(　　　　　)
주49. ㉢을 해석하시오.
　　　　　　　　　　　　(　　　　　)
주50. 문맥상 ⓐ와 ⓑ의 뜻을 차례로 쓰시오.
　　　(ⓐ　　　　　　ⓑ　　　　　　)

※ 제시된 <풀이>에 맞게 (　)안의 한자들을
　 모두 이용하여 바르게 배열하시오.

주51. 人莫不飮食也 (能味鮮也知)
　　　(　　　　　　　　　　　　　　　)
　　　<풀이> 맛을 아는 이는 적다

주52. 君子依乎中庸 (見遯不不世而知悔)
　　　(　　　　　　　　　　　　　　　)
　　　<풀이> 세상에 은둔하여 인정을 받지 못하여
　　　　　　　도 후회하지 않는다.

주53. 父命呼 (諾不手業唯而之執則投)
　　　(　　　　　　　　　　　　　　　)
　　　<풀이> 빨리 대답하고 느리게 대답하지 말며,
　　　　　　　손에 일감을 잡고 있으면 던져야 한다.

※ 다음 ○안에 들어갈 漢字를 쓰시오.

주54. 君子之道 費而○　　　(　　　　　)
주55. ○潤屋 ○潤身 心廣體胖 (　　,　　)
주56. 君子之道 造端乎○○ 及其至也 察乎天地
　　　　　　　　　　　　(　　　　　)
주57. 君子之道 辟如行○必自邇 辟如登○必自卑
　　　　　　　　　　　　(　　,　　)

※ 다음 문장 중 밑줄 친 부분을 해석하시오.

주58. <u>長者賜 少者賤者不敢辭</u>
(   )

주59. <u>夫微之顯 誠之不可揜 如此夫</u>
(   )

주60. <u>施諸己而不願 亦勿施於人</u>
(   )

주61. <u>君子語大 天下莫能載焉</u>
(   )

주62. <u>白刃 可蹈也 中庸 不可能也</u>
(   )

주63. 物有本末 事有終始 <u>知所先後 則近道矣</u>
(   )

주64. 子曰 於止 知其所止 <u>可以人而不如鳥乎</u>
(   )

주65. 子曰 <u>聽訟 吾猶人也 必也使無訟乎</u>
(   )

※ 다음 표를 읽고 물음에 답하시오.

학습목표
접속사 '而'의 활용을 예시를 통해 알 수 있다.
1. 활용 : 어구와 어구, 문장과 문장을 이어 서로 긴밀하게 해 주며, (ⓐ)일 때에는 '~(해)서, ~(하)고'로, (ⓑ)일 때에는 '~(하)나, ~(하)되, ~(하)지만'으로 풀이한다.
2. 예시 (ⓐ) 登高山而望四海 　　　　盡人事而待天命 (ⓑ) 良藥苦於口而利於病 　　　　千人所指 無病而死

주66. ⓐ에 알맞은 말을 쓰시오. (   )

주67. ⓑ에 알맞은 말을 쓰시오. (   )

※ 다음 물음에 답하시오.

주68. 우리나라 과거제도의 효시로 신라 원성왕 때 시행된 능력위주의 관리등용 제도의 명칭을 쓰시오. (   )

주69. 조선시대 서울에 설치된 중등 수준의 관학으로 성균관 예비학교의 성격을 지녔던 교육기관의 명칭을 쓰시오.
(   )

주70. 다음 설명하는 조선시대 사상가의 이름을 쓰시오. (   )

㉠ 주자의 철학을 계승하였다. ㉡ 주리론(主理論)적인 입장을 취했다. ㉢ 거경(居敬)을 중시하였다. ㉣ 성학십도(聖學十圖) 저술하였다.

★ 수고하셨습니다.

국가공인
한자·한문지도사 1급 기출문제

2회

수험번호 □□□-□□-□□-□□□□   성명

※ 수험생 유의사항

□ 시험 시간은 **80분간**입니다.
□ 객관식 **30문항**, 주관식 **70문항**으로 총 **100문항**입니다.
□ 수험표에 표기된 응시급수와 문제지의 급수가 같은지 확인하시오.
□ 답안지에 성명, 수험번호, 주민등록번호를 정확하게 표기하시오.
□ 답안지의 객관식 답안란에는 컴퓨터용 펜을 사용하시오.
□ 답안지의 객관식 답안의 수정은 수정테이프 만을 사용하시오.
□ 답안지의 주관식 답안란에는 반드시 검정색펜을 사용하고, 수정은 두 줄로 긋고 다시 작성하시오.
□ 수험생의 잘못으로 인해 답안지에 이물질이 묻거나, 객관식 답안에 복수로 체크할 경우 오답으로 처리되니 주의하시오.
□ 감독관의 지시가 있을 때까지 문제를 풀지 마시오.
□ 시험 종료 후에는 필기도구를 내려놓고 감독관의 지시를 따르시오.
□ 시험문제지와 답안지를 감독위원에게 모두 제출하시오.

社團法人 漢字敎育振興會
한국한자실력평가원

2회 국가공인 한자·한문지도사 1급 기출문제

객관식(30문항)

과목1. 한자의 기초

※ 다음 물음에 답하시오.

1. 다음은 한자체(漢字體)의 변천과정을 나타낸 그림이다. ㉠~㉤에 해당하는 서체의 이름을 순서대로 바르게 배열한 것은?

㉠	㉡	㉢	㉣	㉤
𢆶	𦥔	貟	身	身

① 甲骨文-金文-小篆-隷書-楷書
② 金文-甲骨文-小篆-楷書-隷書
③ 甲骨文-金文-隷書-小篆-楷書
④ 金文-甲骨文-隷書-楷書-小篆

2. 다음은 부수가 변형된 형태로 사용된 한자들이다. 부수의 원형과 그 뜻이 바르지 않은 것은?
① 與 (臼: 절구)
② 乳 (乙: 새)
③ 郡 (邑: 고을)
④ 祈 (衣: 옷)

3. 다음 중 밑줄 친 한자의 음이 다른 것은?
① 般若 ② 若干 ③ 萬若 ④ 泰然自若

※ 다음 六書에 관한 설명을 읽고 물음에 답하시오.

㉠ 구체적인 사물의 모양을 본떠서 만든 글자
㉡ 이미 만들어진 둘 이상의 글자들의 의미를 결합하여 새로운 뜻을 가진 글자를 만드는 방법

4. 다음 중 ㉠과 ㉡의 설명에 해당하는 漢字의 예로 바른 것은?
① ㉠末-㉡螢
② ㉠武-㉡該
③ ㉠馬-㉡伐
④ ㉠舟-㉡第

5. ㉡의 설명에 해당하는 것은?
① 指事 ② 會意 ③ 形聲 ④ 轉注

과목2. 한자의 활용

※ 다음 물음에 답하시오.

6. 다음 중 한자어의 짜임이 나머지 셋과 다른 하나는?
① 緘口 ② 棉花 ③ 山麓 ④ 怒濤

7. 다음 중 한자어의 독음이 바르지 않은 것은?
① 灑掃: 쇄소
② 罹災: 이재
③ 間隙: 간극
④ 顆天: 경천

8. 다음 중 한자성어의 표기가 바른 것은?
① 膠株鼓瑟
② 焚書坑儒
③ 拔憤忘食
④ 袖收傍觀

9. 다음 중 한자어의 뜻이 바르지 않은 것은?
① 糊口: 겨우 끼니를 이어 감
② 梗塞: 소통되지 못하고 막힘
③ 庠序: '학교'를 달리 이르는 말
④ 讒言: 길흉화복에 대하여 예언하는 말

10. 밑줄 친 한자어의 쓰임이 바르지 않은 것은?
① 임금이 昇遐하자 온 백성들이 슬퍼하였다.
② 그의 눈은 사람의 脾胃를 꿰뚫을 듯 예리했다.
③ 박람회장은 관람 인파로 立錐의 여지가 없었다.
④ 의사는 많은 사람들이 羨望하는 직업 중 하나이다.

과목3. 한자와 한문

※ 다음 글을 읽고 물음에 답하시오.

> 虛子曰 古人云 天圓而地方 今夫子言 地體正圓 何也 實翁曰 甚矣 人之難曉也 萬物之成形 有圓而無方 況於地乎 月掩日而蝕 於日蝕 體必圓 月體之圓也 地掩日而蝕 於月蝕 體亦圓 地體之圓也 然則(㉠)者 地之鑑也 見(㉡)而不識地圓 是猶㉢引鑑自照 而不辨其面目也 不亦愚乎 〈地圓說〉

11. 윗글의 내용으로 적절하지 않은 것은?
    ① 대화의 형식으로 이야기를 전개하고 있다.
    ② 실옹의 설명은 실증적이다.
    ③ 실옹은 古人의 말에 동의하고 있다].
    ④ 허자의 말은 낡은 지식을 대변하고 있다.

12. 윗글과 가장 관련 있는 학문은?
    ① 東學 ② 實學 ③ 考證學 ④ 性理學

13. ㉠과 ㉡에 알맞은 한자를 차례로 배열한 것은?
    ① 月蝕 - 月蝕
    ② 日蝕 - 月蝕
    ③ 月蝕 - 日蝕
    ④ 日蝕 - 日蝕

14. ㉢을 표현하기에 적절한 성어는?
    ① 自繩自縛
    ② 如反掌
    ③ 牽强附會
    ④ 目不識丁

※ 다음 漢詩를 읽고 물음에 답하시오.

> (가) 春㉠種一粒粟　　秋收萬顆子
> 　　四海無閑田　　農夫㉡猶餓死
>
> (나) 帶雨鋤禾伏畝中　形容醜黑豈人㉢容
> 　　王孫公子㉣休輕侮　富貴豪奢出自農

15. (가)의 주제로 적절한 것은?
    ① 苛政猛於虎
    ② 種瓜得瓜
    ③ 苦盡甘來
    ④ 我田引水

16. ㉠~㉣의 뜻으로 적절하지 않은 것은?
    ① ㉠ - 심다
    ② ㉡ - 같다
    ③ ㉢ - 용모
    ④ ㉣ - 하지마라

※ 다음 글을 읽고 물음에 답하시오.

> 凡祭　主於盡愛敬之誠而已　貧則㉠稱家之有無　疾則量筋力而行之　財力可及者　自當如儀　墓祭忌祭　世俗輪行　非禮也　墓祭則雖㉡輪行　皆祭于墓上　㉢猶之可也　忌祭　不祭于神主而乃祭于(ⓐ)　此甚未安　雖不免輪行　㉣須具祭饌　行于家廟　庶乎可矣　〈擊蒙要訣〉

17. 윗글을 잘못 이해한 것은?
    ① 제사는 공경을 다하는 것이 가장 중요하다.
    ② 제사의 격식은 형편에 맞게 갖추어야 한다.
    ③ 일반적으로 墓祭보다 忌祭가 바람직하게 시행되고 있다.
    ④ 忌祭는 家廟에서 시행하는 것이 바람직하다.

18. ㉠~㉣의 의미로 적절하지 않은 것은?
    ① ㉠ - 맞추어
    ② ㉡ - 돌아가며
    ③ ㉢ - 똑같이
    ④ ㉣ - 모름지기

19. 문맥상 ⓐ에 들어갈 말로 적절한 것은?
    ① 紙榜 ② 社稷 ③ 雁書 ④ 家廟

※ 다음 글을 읽고 물음에 답하시오.

> 伊川先生言　人有三不幸　少年登高科一不幸　㉠席父兄之勢　爲美官　二不幸　㉡有高才能文章　三不幸也
>
> *註釋: 少年登高科者　學未優　藉勢爲美官者　人不稱　有高才能文章者　恒無德以將之　此三者　皆不足以致遠　故　謂之不幸

20. ㉠을 표현하기에 가장 적절한 말은?
    ① 공처가
    ② 팔불출
    ③ 불한당
    ④ 낙하산

21. 註釋을 참고할 때, 다음 중 ㉡을 표현하기에 적절한 것은?
    ① 淺學菲才
    ② 淸廉潔白
    ③ 才勝薄德
    ④ 文武兼備

※ 다음 글을 읽고 물음에 답하시오.

公明宣 學於曾子 三年 不讀書 曾子曰 宣爾居參之門 三年 不學何也 公明宣曰 ㉠安敢不學 宣見夫子居庭 親在 叱咤之聲 未嘗至於犬馬 宣㉡說之 學而未能 宣見夫子之應賓客恭儉而不懈惰 宣說之 學而未能 宣見夫子之居朝廷 嚴臨下而不毁傷 宣說之 學而未能 宣說㉢此三者 學而未能 宣安敢不學而居夫子之門乎

22. '公明宣'이 가장 중시 한 것은?
  ① 讀書 ② 實踐 ③ 名譽 ④ 政治

23. ㉠과 문장의 형식이 같은 것은?
  ① 何益之有   ② 此義人也
  ③ 安分身無辱   ④ 當一切勿爲也

24. ㉡의 의미로 적절한 것은?
  ① 喜悅 ② 遊說 ③ 說破 ④ 說得

25. 다음 중 ㉢에 속하는 것은?
  ① 讀書 ② 孝行 ③ 愛妻 ④ 武功

※ 다음 물음에 답하시오.

26. 다음 중 서원(書院)에 대한 설명으로 적절하지 않은 것은?
  ① 최초의 사액서원은 백운동서원이다.
  ② 성균관의 예비학교의 성격을 지녔다.
  ③ 사우(祠宇)는 선현의 위패를 모시는 곳이다.
  ④ 17세기 이후 붕당의식을 조장하기 위해 남설 되었다.

27. 다음 중 신라의 교육과 관련이 없는 것은?
  ① 文廟   ② 國學
  ③ 讀書三品科 ④ 文憲公徒

28. 평생교육의 방향과 거리가 먼 것은?
  ① 학습의 다양성   ② 열린학습사회 지향
  ③ 유아교육 중심   ④ 자기주도적 학습

29. '六書' 지도에 대한 설명으로 적절하지 않은 것은?
  ① 학습하는 한자 모두를 '육서'로 분류가 가능하도록 지도한다.
  ② 상형(象形)은 시각적으로 그 문자가 가리키는 사물을 쉽게 짐작할 수 있으므로 그림을 들어 설명하면 학습의 흥미를 높일 수 있다.
  ③ 가차(假借)는 외래어 표기법과 관련되었으므로 다양한 실례를 들어 흥미를 높일 수 있다.
  ④ 한자의 구성 원리인 '육서'를 통해서 한자를 흥미롭게 배우게 하는 것이 '육서'를 지도하는 목적이다.

30. 다음 ㉠에 들어 갈 말로 적절한 것은?

(㉠)란, 글자와 글자, 어구와 어구, 글자와 어구를 이어 주거나 그 관계를 명료하게 하고, 문(文)의 어기(語氣)를 적절히 표현하여 그 뜻을 돕는 한자로서, 글자 자체가 어떤 실질적인 의미를 나타내기보다는 주로 문법적인 기능을 가진다.

  ① 實辭 ② 虛字 ③ 略字 ④ 修辭

주관식(70문항)

과목1. 한자의 기초

※ 다음 표를 보고 물음에 답하시오.

金文	설명
走	사람이 다리를 벌려 힘차게 뛰어서 앞으로 나아가 '달아나다'는 뜻의 부수글자

주1. 위에서 설명하는 漢字는? (   )

주2. 위에서 설명하는 漢字를 부수로 하는 漢字를 두 개만 쓰시오.   (,   )

※ 다음 □안에 공통으로 들어가 각각 다른 의미로 사용되는 漢字를 쓰시오.

주3. (   )

㉠ □鑑: 거울로 삼아 본받을 만한 모범
㉡ □裂: 거북의 등에 있는 무늬처럼 갈라져 터짐

주4. (　　　)

- ㉠ 撒□ : 액체, 가루 따위를 흩어 뿌림
- ㉡ □施 : 자비심으로 남에게 재물이나 불법을 베풂

※ 다음 □안에 類義字를 넣어 한자어를 완성하시오.

주5. 孕□ : 아이나 새끼를 뱀　　(　　　)
주6. 灌□ : 농사를 짓는 데에 필요한 물을 논밭에 댐　(　　　)

※ 다음 □안에 反義字를 넣어 한자어를 완성하시오.

주7. □仰 : 아래를 굽어보고 위를 우러러봄　(　　　)
주8. 寤□ : 자나 깨나 언제나　(　　　)

※ 다음 한자를 간체자(簡體字)로 쓰시오.

주9. 運動 : (　　　)　주10. 歡迎 : (　　　)

과목2. 한자의 활용

※ 다음 □안에 공통으로 들어갈 漢字를 쓰시오.

주11. 當□　抽□　落□　(　　　)
주12. □奪　□製　□皮　(　　　)

※ 다음 문장의 밑줄 친 단어를 漢字로 쓰시오.

주13. 방 안에 배치된 가구들의 자리를 옮겼다.
(　　　)

주14. 그의 의견은 나의 생각과 배치되었다.
(　　　)

※ 다음에 설명하는 단어를 漢字로 쓰시오.

주15. 상투 : 늘 써서 버릇이 되다시피 한 것
(　　　)

주16. 빙의 : 다른 것에 몸이나 마음을 기댐
(　　　)

※ 다음 한자어의 속뜻을 쓰시오.

주17. 霄壤 : (　　　　　　)
주18. 濫觴 : (　　　　　　)

※ 다음 글을 읽고 물음에 답하시오.

　신화를 分析하면 고대사회의 ㉠흔적이 凝蓄되어 있음을 確認할 수 있다. 檀君神話에도 原始時代의 사회현상부터 고대 奴隷制 사회로 들어선 시기의 社會現象, 나아가 권력을 잡은 지배계급의 정치사상이 融合되어 있다.

주19. ㉠을 漢字로 쓰시오.　(　　　)
주20. 위 글에서 한자어 표기가 바르지 않은 부분을 찾아 바르게 고쳐 쓰시오. (　　→　　)

※ 다음 글을 읽고 물음에 답하시오.

　중국 춘추 시대 오나라의 왕 부차(夫差)가 아버지의 원수를 갚기 위하여 장작더미 위에서 잠을 자며 월나라의 왕 구천(句踐)에게 ㉠복수할 것을 맹세하였고, 그에게 패배한 월나라의 왕 구천이 쓸개를 핥으면서 복수를 다짐하였다.

주21. ㉠을 漢字로 쓰시오.　(　　　)
주22. 윗글은 어떤 사자성어와 관련된 이야기의 일부이다. 해당하는 사자성어를 漢字로 쓰시오.
(　　　)

※ 다음 글을 읽고 물음에 답하시오.

　"곤륜산에 불이 붙으면 ㉠옥과 돌이 함께 불타 없어지며 임금이 덕을 잃게 되면 그 해악은 사나운 불보다도 더 무섭다."
　《書經》에 나오는 이 말은 큰 ㉡재앙이 닥치면 선한 사람이나 악한 사람이나 ㉢속수무책으로 함께 화를 당한다는 뜻으로 임금이 덕을 잃고 다스리면 그 화가 불보다도 더 큼을 말하고 있다.

주23. ㉠을 뜻하는 4음절의 성어를 漢字로 쓰시오.
(　　　)
주24. ㉡을 漢字로 쓰시오.　(　　　)
주25. ㉢을 漢字로 쓰시오.　(　　　)

과목3. 한자와 한문

※ 다음 漢詩를 읽고 물음에 답하시오.

> 不欲憶君自憶君　問君何事每相㉠分
> 莫言靈鵲能傳喜　㉡幾度虛驚到夕曛

주26. 위 시의 주제를 간략히 쓰시오.
　　（　　　　　　　　　　）

주27. ㉠의 뜻을 2음절의 한자어로 쓰시오.
　　　　　　（　　　　　　　）

주28. 문맥상 ㉡의 이유를 쓰시오.
　　（　　　　　　　　　　　　）

※ 다음 글을 읽고 물음에 답하시오.

> 尹淮少時 有鄕里之行 暮投㉠역려 主人 不許止宿 坐於庭邊 主人兒 持大眞珠出來 落於庭中 旁有白鵝 卽吞ⓐ之 ㉡已而 ㉢主人索珠不得 疑公竊取 縛ⓑ之 朝將告官 ㉣公不與辨 只云 彼鵝亦繫吾傍 將朝 珠從鵝後出 主人 慙謝曰 昨何不言 公曰 昨日言之 則主必割鵝索珠 故忍辱而待

주29. ㉠을 漢字로 쓰시오.　（　　　　）

주30. ⓐ와 ⓑ가 지시하는 대상을 본문에서 찾아 각각 차례로 쓰시오.
　　（ⓐ　　　　　　ⓑ　　　　　）

주31. ㉡을 해석하시오.
　　（　　　　　　　　　　　　）

주32. ㉢의 상황에 처하게 된 사건의 배경을 표현하기에 적절한 사자성어를 漢字로 쓰시오.
　　　（　　　　　　　　　　　）

주33. ㉣의 이유를 간략히 쓰시오.
　　（　　　　　　　　　　　　）

※ 다음 글을 읽고 물음에 답하시오.

> 師友之義重者 及親戚之無服而情厚者 與凡相知之㉠分密者 皆於聞喪之日 若道遠 不能往臨其喪 則㉡設位而哭 師則隨其情義深淺 或心喪三年 或㉢期年 或九月 或五月 或三月 友則雖最重 不過三月 若師喪 欲行三年期年者 不能㉣분상 則當朝夕設位而哭 四日而止
> 　　　　　　　　　　　〈擊蒙要訣〉

주34. ㉠의 뜻을 쓰시오.
　　（　　　　　　　　　　　）

주35. ㉡의 이유를 간략히 쓰시오.
　　（　　　　　　　　　　　）

주36. ㉢의 뜻을 쓰시오.（　　　　　）

주37. ㉣을 漢字로 쓰시오.
　　（　　　　　　　　　　　）

※ 다음 글을 읽고 물음에 답하시오.

> (가) 又曰 一 人附書信 不可開坼沈滯 二 與人並坐 不可窺人私ⓐ書 〈중략〉 六㉠與人同處 不可自擇便利 七 見人富貴 不可歎羨訾毁 凡此數事 有犯之者 足以見用意之㉡不肖 於存心修身 大有所害 因書以ⓑ自警
>
> (나) 藍田呂氏鄕約曰 凡同約者 德業相勸 過失相規 禮俗相交 （㉢　） 有善則ⓒ書于籍 有過若違約者 亦書之 三犯而行罰 不悛者 絶之
>
> (다) 夫有人民而後 有夫婦 有夫婦而後 有父子 有父子而後 有兄弟 一家之親 ㉣此三者而已矣 ⓓ自玆以往 至于九族 皆本於三親焉 故 於人倫 爲重也 不可不篤

주38. 문맥상 ⓐ와 ⓒ의 품사를 각각 차례로 쓰시오.
　（ⓐ　　　　　　ⓒ　　　　　）

주39. ㉠을 해석하시오.
　　（　　　　　　　　　　　）

주40. ⓛ의 뜻을 쓰시오. (　　　　　)

주41. 문맥상 ⓑ와 ⓓ의 뜻을 각각 차례로 쓰시오.
(ⓑ　　　　　ⓓ　　　　　)

주42. ⓒ에 알맞은 4음절의 한자어를 漢字를 쓰시오. (　　　　　)

주43. ⓔ이 지시하는 것을 본문에서 찾아 쓰시오.
(　　　　　)

※ 다음 글을 읽고 물음에 답하시오.

(가) 子曰 道之不行也 我知之矣 知者 過之 愚者 不及也 道之不明也 我知之矣 (㉠)者 過之 不肖者 不及也

(나) 子曰 舜其大知也與 舜好問而好察邇言 隱惡而揚善 執其ⓛ양단 用其中於民 其斯以爲舜乎

주44. (가)에서 강조하고 있는 1음절로 된 개념어를 (나)에서 찾아 쓰시오.
(　　　　　)

주45. ㉠에 알맞은 漢字를 쓰시오.
(　　　　　)

주46. ⓛ을 漢字로 쓰시오.
(　　　　　)

※ 다음 글을 읽고 물음에 답하시오.

(가) ㉠所惡於上 毋以使下 所惡於下 毋以事上 所惡於前 毋以先後 所惡於後 毋以從前 所惡於右 毋以交於左 所惡於左 毋以交於右 此之謂(ⓐ)之道也

(나) 所謂平天下 在治其國者 上ⓛ老老而民興孝 上長長而民興弟 上恤孤而民不ⓒ倍 是以 君子有(ⓑ)之道也

주47. ㉠을 해석하시오.
(　　　　　)

주48. ⓐ와 ⓑ에 공통으로 들어갈 2음절의 한자어를 漢字로 쓰시오.
(　　　　　)

주49. ⓛ의 짜임을 쓰시오.
(　　　　　)

주50. 문맥상 ⓒ의 뜻을 쓰시오.
(　　　　　)

※ 제시된 <풀이>에 맞게 (　　)안의 한자들을 모두 이용하여 바르게 배열하시오.

주51. 君子 (德 愼 先 乎)
(　　　　　)
<풀이> 군자는 먼저 덕을 삼간다.

주52. 天之生物이 (焉 因 其 必 篤 材 而)
(　　　　　)
<풀이> 하늘이 물건을 낼 적에는 반드시 그 재질을 따라 돈독히 한다.

주53. 若父則遊目 (帶 面 上 下 於 於 毋 毋)
(　　　　　)
<풀이> 부모인 경우에는 눈을 놀리되 얼굴 위로 올라가지 말며, 띠 아래로 내리지 말아야 한다.

※ 다음 ○안에 들어갈 漢字를 쓰시오.

주54. 大學之道 在明明德 在親民 在○○○
(　, 　, 　)

주55. 天命之謂性 率性之謂○ 修道之謂○
(　, 　)

주56. 誠者 天之道也 ○○者 人之道也
(　, 　)

주57. ○○之 審問之 愼思之 明辨之 篤行之
(　, 　)

※ 다음 문장 중 밑줄 친 부분을 해석하시오.

주58. 其本亂而末治者否矣
(   )

주59. 道也者 不可須臾離也
(   )

주60. 依乎中庸 遯世不見知而不悔
(   )

주61. 子能食食 敎以右手
(   )

주62. 收斂身心 莫切於九容
(   )

주63. 飮食不可甘美 救飢而已
(   )

주64. 人之視己 如見其肺肝然
(   )

주65. 坐如尸 立如齊
(   )

※ 다음 표를 읽고 물음에 답하시오.

학습목표
　한시의 특징을 이해하고 설명할 수 있다.

(가) (㉠)
　한자는 초·중·종성의 세 가지 소리로 나뉘는데, 초성을 자모(字母)라 하고, 중성과 종성을 합해서 운모(韻母)라 한다. 이 운모가 같고 성조도 같은 계열의 글자로 맞추는 것을 '(㉡)'이라 하고, 한 수의 시 안에서 (㉢)된 글자를 운자(韻字)라 한다.

(나) (㉣)
　율시에서 한 연의 상하구(上下句)가 서로 짝이 되게 하는 수사법(修辭法)을 말한다. 율시(律詩)에서는 함련(頷聯)과 경련(頸聯)은 반드시 짝이 되게 구성해야 한다.

주66. ㉠~㉢에 공통으로 들어갈 말을 쓰시오.
(   )

주67. ㉣에 알맞은 말을 쓰시오. (   )

※ 다음 물음에 답하시오.

주68. 다음에 설명하고 있는 조직의 명칭을 쓰시오.

㉠ 신라만의 독특한 교육 조직이다.
㉡ 世俗五戒의 계율을 지켰다.
㉢ 수양단체(종교적·교육적)로서, 유사시에는 전사를 양성하는 군사적 기능을 하였다.

(   )

주69. 다음은 조선의 과거제도를 간략하게 나타낸 것이다. ㉠에 알맞은 말을 쓰시오.

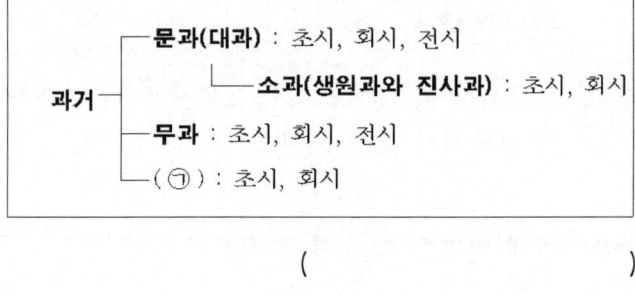

(   )

주70. 다음 설명하는 인물의 이름을 쓰시오.
(   )

㉠ 고려 말, 조선 초의 문신이다.
㉡ 정도전과 함께 排佛崇儒 정책을 추진했다.
㉢ 유학의 근본원리를 쉽게 이해 할 수 있도록 시각적으로 표현한 『入學圖說』을 저술했다.

★ 수고하셨습니다.

국가공인
한자·한문지도사 1급

모 범 답 안

연습문제 제1회

● 객관식

1	③	6	④	11	②	16	③	21	①	26	④
2	②	7	③	12	③	17	①	22	④	27	③
3	③	8	④	13	②	18	④	23	③	28	②
4	①	9	③	14	①	19	②	24	①	29	①
5	②	10	①	15	③	20	①	25	③	30	③

● 주관식

1	象形	11	병렬	21	指施→指示	31	同胞
2	習, 翁 등	12	수식	22	吐哺握髮	32	九泉
3	滑	13	輝煌	23	가섭	33	座右銘
4	塞	14	塹壕	24	拈華微笑	34	벼슬에 임명하는 일
5	傀	15	選定	25	以心傳心	35	ⓐ 구역 ⓑ 간색
6	躪/躒	16	煽情	26	首丘初心	36	㉠論語 ㉡周易
7	靜	17	가난하나 재주와 지혜가 뛰어난 사람	27	鄕	37	幾微/機微/兆朕
8	怠	18	여러 사람 가운데 우두머리	28	佳節	38	散齋
9	礼仪	19	刎頸之交	29	애국/충절/충성	39	냄새 나는 것을 먹지 않는다.
10	夸张	20	泣斬馬謖	30	乙巳條約	40	만일 길에서 흉하고 더러운 것을 갑자기 만나면

41	㉠君 ㉡師	56	夏, 冬
42	비견하다	57	仁, 義
43	나무판과 죽간/목판이나 대쪽에 쓴 글	58	웃되 잇몸이 보이는데 이르지 않으며
44	樹	59	어찌 정해진 수가 있으랴
45	친친지쇄	60	비록 가난해도 제기를 팔지 않고
46	大學	61	세수하고 머리 빗고 옷을 입고 띠를 착용한다.
47	거의 어긋나지 않을 것이다.	62	한번 전투복을 입어(전쟁에 나가) 천하를 소유하셨다.
48	論語	63	마음이 있지 않으면 보아도 보이지 않는다.
49	明德	64	사람이 도를 하면서 사람을 멀리 한다면 도라 할 수 없다.
50	格物	65	국가에 어른이 되어 財用을 힘쓰는 자는
51	所惡於下	66	형식
52	不可以齊其家	67	운자, 음운
53	爭民施奪	68	國學
54	序	69	書堂
55	失	70	이이(李珥)

연습문제 제2회

● 객관식

1	①	6	④	11	③	16	③	21	①	26	③
2	②	7	①	12	④	17	①	22	①	27	②
3	②	8	②	13	③	18	③	23	①	28	④
4	④	9	②	14	①	19	③	24	④	29	③
5	③	10	①	15	④	20	④	25	②	30	①

● 주관식

1	至	11	囑	21	肖 → 哨	31	斑衣之戲
2	致, 臺 등	12	鄙	22	孤掌難鳴	32	스승이 부모님 생각에 슬퍼하므로
3	沈	13	遲延	23	盡忠竭力	33	좌우에서 그를 죽이려고 했다.
4	釋, 脫 등	14	地緣	24	狡猾	34	義
5	布	15	開闢	25	兎死狗烹	35	속으로는 독실한 이가 드물다.
6	衰	16	悚懼	26	壬辰倭亂	36	잠자리/이부자리
7	① 고칠 경 ② 다시 갱	17	攻擊	27	憂國衷情/ 見危致命	37	또한 어렵지 아니한가.
8	① 내릴 강 ② 항복할 항	18	堡	28	樹勳	38	禮
9	营养	19	수식	29	비록 죽어도 사양하지 않겠다.	39	만일 종전에 서로 친압하다가 하루아침에 갑자기 서로 공경하고자 한다면
10	艰难	20	돈대	30	孝	40	세살버릇 여든 간다.

41	筆墨	56	目, 手
42	明明德 新民 止於至善	57	反
43	禮記, 朱子(朱熹)	58	그 현재의 위치에 따라 행하고
44	김정호(金正浩)	59	주나라가 비록 오랜 나라이나 그 명은 새롭다.
45	고금에 비할 것이 없다.	60	선생이 부르시거든 느리게 대답하지 말고 빨리 대답하고 일어나야 한다.
46	脫稿	61	殷나라가 民衆을 잃지 않았을 때에는 능히 上帝에게 짝했었다.
47	昆弟	62	저기에도 미워하는 사람이 없으며 여기에도 싫어하는 사람이 없다.
48	仁	63	선하면 얻고 불선하면 잃게 됨을 말함이다.
49	여러 제후(諸侯)	64	마땅히 안연이 순임금을 본받으려 한 것으로 모범을 삼겠다.
50	德	65	얼굴 위로 올라가지 말며, 띠 아래로 내리지 말아야 한다.
51	其本亂而末治者	66	若, 如, 雖
52	失諸正鵠反求諸其身	67	但, 惟, 獨
53	好人之所惡 惡人之所好	68	동몽선습(童蒙先習)
54	軌, 文	69	書院
55	鬼神	70	정약용(丁若鏞)

연습문제 제3회

● 객관식

1	①	6	④	11	①	16	③	21	①	26	④
2	②	7	①	12	③	17	①	22	③	27	④
3	③	8	②	13	②	18	①	23	③	28	③
4	③	9	③	14	③	19	④	24	④	29	④
5	④	10	④	15	②	20	②	25	①	30	③

● 주관식

1	甲骨(文)	11	수식	21	推慕→追慕	31	비록 정확하진(맞지는) 않지만 멀지도 않다.
2	黍	12	술목	22	毛遂自薦 / 囊中之錐	32	거느릴 솔
3	指事	13	電鐵	23	穎脫	33	桀紂
4	虽→雖	14	前轍	24	晩時之歎/亡羊補牢	34	恕
5	咽	15	掩襲	25	螳螂拒轍/螳螂之斧	35	㉠ 閭巷 ㉡ 閭里
6	輻	16	喝采	26	春	36	ⓐ 미워하다 ⓑ 병들다
7	凸	17	遲鈍	27	눈 녹아 남쪽 시내물이 불어났다.	37	門前成市
8	庶	18	碩學	28	草芽	38	혹은 부재중이라고 하여 꺼리며
9	倦/懶	19	崩御	29	들길에는 구름 끼어 컴컴한데	39	驕
10	邂	20	陛下	30	갓난아이	40	형제(兄弟)

41	左提右挈	56	利
42	서로 사랑하지 않을 수 없다.	57	本
43	일반 백성의 살림집	58	세속의 잡다한 일로 그 뜻을 어지럽히지 않아야 한다.
44	부모의 몸이 자기의 몸보다 중하기 때문이다.	59	뒤에 들어오는 자가 있으면 닫아도 완전히 닫지는 말라.
45	도리어	60	이 아가씨의 시집감이여, 그 집안 식구에게 마땅(和合)하다.
46	제주(濟州)	61	임금은 신하 부리기를 예로써 한다.
47	(어려서 의지할 곳이 없어) 기녀에게 의탁해서 생활했기 때문에	62	솔개는 날아 하늘에 이르는데, 물고기는 연못에서 뛰논다.
48	泣訴	63	자기에게 (惡이) 없는 뒤에 남에게 그르다고 한다.
49	다시 양민으로 돌려놓았다.	64	헤아리지도 못하면서 하물며 싫어하랴
50	사재를 덜어 군민을 구휼함	65	형의 자식(딸)을 그에게 시집보냈다.
51	旣仕後又恐失之	66	修飾
52	必也使無訟乎	67	ⓐ躇, ⓑ耐
53	隱惡而揚善	68	향약(鄕約)
54	淸	69	患難相恤
55	樂	70	향교(鄕校)

연습문제 제4회

● 객관식

1	①	6	①	11	②	16	③	21	④	26	②
2	④	7	④	12	①	17	④	22	③	27	①
3	②	8	②	13	③	18	①	23	②	28	②
4	①	9	①	14	①	19	④	24	④	29	③
5	①	10	④	15	②	20	③	25	①	30	④

● 주관식

1	팔괘(八卦)	11	壘	21	毛遂自薦	31	俯伏
2	소전(小篆)	12	酷	22	囊中之錐	32	최질
3	滑	13	呻吟	23	傲霜孤節	33	나는 스승이 될 자격이 없음을 부끄러워하였다.
4	刺	14	拂拭	24	菊花	34	擊蒙要訣
5	窈	15	임금의 분노를 이르는 말	25	斷金之交/金蘭之交	35	立脚
6	孕	16	남의 어머니를 높여 이르는 말	26	李舜臣	36	낡은 인습을 버리지 아니하고 지킴
7	黜	17	濕潤	27	임금의 행차	37	卜居
8	貶	18	捷徑	28	孤臣	38	地理, 生利, 人心, 山水
9	齊	19	順坦	29	일본/왜군	39	人心
10	場	20	隨行員	30	상례(喪禮)	40	감상할 만한 자연이 없으면 성정을 도야할 수 없다.

41	晨省	56	知
42	동동촉촉	57	凶
43	이기지 못할 듯하며 장차 잃어버릴 듯 한다.	58	마침내 문란하고 무질서함을 면하지 못하여
44	빈객으로 삼아 썼다.	59	향당주려에 죄를 얻는 것 보다는 차라리 익숙하게 간다.
45	禮樂射御書數	60	맛을 아는 자가 드물다.
46	兄弟	61	철에 따라 부역을 시키고 세금을 적게 거둠은 백성들을 권면하는 것이다.
47	ⓒ명사 ⓓ동사	62	한가로이 거할 때에 불선한 짓을 하되 이르지 못하는 바가 없다가
48	堯	63	비단옷을 입고 홑옷을 덧입는다.
49	양위/선양	64	설(契)을 사도로 삼아 인륜을 가르치게 했다.
50	부모님을 모시지 못하게 될까 걱정되서	65	남이 미워하는 것을 좋아하고 남이 좋아하는 것을 미워하는 것
51	己所不欲勿施於人	66	학점은행제
52	行遠必自邇	67	문하생 학력인정제
53	必以聖人自期	68	太學
54	正,鵠	69	경당(扃堂)
55	生	70	유형원

연습문제 제5회

● 객관식

1	②	6	③	11	④	16	③	21	④	26	③
2	③	7	③	12	②	17	①	22	①	27	③
3	③	8	④	13	①	18	③	23	④	28	④
4	④	9	②	14	③	19	②	24	③	29	②
5	③	10	②	15	③	20	②	25	①	30	①

● 주관식

1	舟	11	拔	21	詰難	31	㉠나이, ㉡이(치아)
2	船, 般, 航 등	12	弱冠	22	汗牛充棟	32	조금 처져서 따른다.
3	宿	13	約款	23	五車之書 (五車書)	33	肩
4	更	14	殺到	24	倚閭之望	34	여오악취
5	璉	15	痼疾	25	天方地軸	35	동사
6	牲	16	戰慄	26	鄭夢周	36	獨
7	聘	17	寤寐	27	魂魄	37	일단사일표음
8	擔, 荷	18	抑揚	28	一片丹心	38	陋巷
9	隱	19	屬望/囑	29	옷을 여러 군데 꿰매어 입었으므로	39	백규(시)를 세 번 반복하였다. (반복하여 외웠다.)
10	賢	20	等閒	30	거문고로 방아 찧는 소리를 연주했다.	40	그에게 시집보냈다.

41	民, 衆	56	定, 省
42	동사	57	見
43	樂	58	대학의 도는 밝은 덕을 밝히는 데 있다.
44	生而知之/安而行之	59	추위도 감히 옷을 껴입지 않으며, 가려워도 감히 긁지 않는다.
45	從容	60	의원이 3대를 계승하지 않았거든 그 약을 복용하지 않아야 한다.
46	勉	61	성에 올라가 손가락질하지 않으며, 성 위에서 고함치지 않는다.
47	亞聖	62	병기를 깔고 죽어도 싫어하지 않으니
48	만일 능히 이를 안다면	63	비스듬이 보고 오히려 멀다고 여긴다.
49	才	64	사람들이 그 자식의 악함을 알지 못한다.
50	晩時之歎 / 後悔莫及	65	들어가는 곳마다 스스로 만족하지 않음이 없다.
51	手澤存焉爾	66	何, 誰, 孰, 安 등
52	居不主奧坐不中席	67	使, 令, 命, 敎 등
53	惟善以爲寶	68	문장구조, 문장의 구조
54	終始	69	허자
55	人	70	최충(崔沖)

연습문제 제6회

● 객관식

1	④	6	②	11	①	16	①	21	②	26	①
2	③	7	②	12	④	17	④	22	④	27	②
3	④	8	①	13	④	18	②	23	④	28	①
4	④	9	①	14	②	19	④	24	②	29	①
5	①	10	③	15	④	20	①	25	②	30	①

● 주관식

1	㉠결승문자 ㉡서계	11	腕	21	邯鄲之夢	31	性, 行, 家法 (성격, 행실, 집안의 법도)
2	㉠예서 ㉡전서	12	癒	22	一炊之夢	32	富貴
3	塞	13	襤褸	23	苛酷	33	不肖
4	提	14	鵲報	24	騷擾	34	어찌 다른 때에(언젠가) 빈천하지 않을 줄을 알리오.
5	會意	15	큰 소용은 없으나 버리기에는 아까운 것	25	金城湯池	35	(~보다) 낫다.
6	譏	16	우리나라	26	임을 그리는 마음	36	시부모
7	迫	17	麻中之蓬	27	夢魂	37	집을 나가지 않고도 가르침을 나라에 이룬다.
8	瘠	18	橘	28	妾	38	孝
9	還	19	觸發	29	문 앞의 돌길이 이미 모래가 됐을 것이다.	39	恤孤
10	确	20	內訌	30	혼인/혼사/결혼	40	隱

41	道와 거리가 멀지 않다/도에 이르기가 멀지 않았다.	56	擧
42	ⓒ~에 ⓓ 모두	57	鬼, 神
43	專行	58	앉을 때에는 모로 앉지 않으며, 설 때에는 한 쪽 발로 서지 않으며,
44	珍羞盛饌/山海珍味/膏粱珍味 등	59	어진 이를 어질게 여기되 여색을 좋아하는 마음과 바꿔한다.
45	마땅히 내 말을 베서 술안주로 써라.	60	하기를 빨리 하고 쓰기를 느리게 한다.
46	익살스러움/재치 있음/해학적	61	배우지 않을지언정 배운다면 능하지 않은 것을 놔두지 말고
47	ⓐ琢, ⓑ磨	62	숫자와 방위의 명칭을 가르친다.
48	마침내 잊지 못한다.	63	아랫자리에 있으면서 윗사람에게 信任을 얻지 못하면
49	감탄사	64	봄잠에 날 새는 줄 몰랐다.
50	小人	65	30세가 되면 아내를 두고 남자의 일을 다스린다.
51	君子雖貧不粥祭器	66	也/矣/也已
52	無所不用其極	67	已/而已/而已矣/耳
53	不願乎其外	68	향교
54	本	69	성균관
55	奧, 席	70	入學圖說

기출문제 제1회

● 객관식

1	④	6	④	11	④	16	①	21	④	26	③
2	②	7	③	12	③	17	②	22	①	27	④
3	①	8	③	13	①	18	②	23	②	28	④
4	④	9	②	14	②	19	③	24	③	29	①
5	③	10	②	15	③	20	④	25	②	30	①

● 주관식

1	隷書	11	捷	21	桃園結義	31	천하에 우리나라가 본래 성인의 나라임을 알리기 위해
2	이사(李斯)	12	延	22	臥龍	32	이두
3	㉠최, ㉡쇠	13	社稷	23	三顧草廬	33	訓民正音
4	㉠부, ㉡비	14	辭職	24	胡蝶之夢	34	兄弟
5	蹉	15	閭閻	25	物我一體	35	彼我
6	轍	16	嚆矢	26	농민의 가혹한 현실/위정자의 각성을 요구함	36	喪
7	牝	17	잠시	27	업신여기지 말라	37	조금이라도 모자람이 없다.
8	沈	18	큰 소용은 없으나 버리기에는 아까운 것	28	豪奢	38	무덤 근처에서 여막을 짓고 살면서 무덤을 지키는 일
9	処	19	桑田碧海	29	高朱蒙/朱蒙	39	ⓐ같다, ⓑ만일.
10	听	20	櫛比	30	甲男乙女/匹夫匹婦/愚夫愚婦 등	40	如履薄氷

41	夏	56	夫婦
42	몸으로 이불을 따뜻하게 했다.	57	遠, 高
43	죄수	58	어른이 주시거든 젊은 자와 천한 자는 감히 사양하지 않는다.
44	匕首	59	은미한 것이 드러나니, 誠의 가리울 수 없음이 이와 같구나
45	예양을 의사(義士)라고 여겼기 때문에	60	자기 몸에 베풀어보아 원하지 않는 것을 나 또한 남에게 베풀지 마는 것이다.
46	ⓐ지백(智伯) ⓑ예양(豫讓)	61	군자가 큰 것을 말할진댄 천하가 능히 싣지 못하며
47	衆	62	흰 칼날을 밟을 수 있으되, 중용은 능히 할 수 없다.
48	德	63	먼저 하고 뒤에 할 것을 알면 도에 가까울 것이다.
49	근본을 밖으로 하고 끝을 안으로 하면,	64	사람으로서 새만 못해서야 되겠는가.
50	ⓐ빠르다, ⓑ미워하다	65	송사를 들음이 내 남과 같이 하나, 반드시 (백성들로) 하여금 송사가 없게 하겠다.
51	鮮能知味也	66	순접
52	遯世不見知而不悔	67	역접
53	唯而不諾手執業則投之	68	독서삼품과(讀書三品科)
54	隱	69	사학(四學)
55	富, 德	70	이황(李滉)

기출문제 제2회

● 객관식

1	①	6	①	11	③	16	②	21	③	26	②
2	④	7	④	12	②	17	③	22	②	27	④
3	①	8	②	13	①	18	③	23	①	28	③
4	③	9	④	14	④	19	①	24	①	29	①
5	②	10	②	15	①	20	④	25	②	30	②

● 주관식

1	走	11	籤	21	復讐	31	얼마 후 / 머지않아 / 곧
2	起 越 超 등	12	剝	22	臥薪嘗膽	32	烏飛梨落
3	龜	13	配置	23	玉石俱焚	33	거위를 살리기 위해
4	布	14	背馳	24	災殃	34	친분이 두터운 자
5	胎	15	常套	25	束手無策	35	(길이 멀어서) 친히 문상하지 못하기 때문에
6	漑	16	憑依	26	님을 그리워함	36	1년
7	俯	17	하늘과 땅	27	이별(離別)	37	奔喪
8	寐	18	사물의 처음이나 기원	28	까치가 울었기 때문	38	ⓐ명사 ⓒ동사
9	运动	19	痕迹	29	逆旅	39	남과 함께 거처할 때에 스스로 편리함을 가려 취하지 말라
10	欢迎	20	蓄→縮	30	ⓐ眞珠 ⓑ公/尹淮	40	어리석음 / 어질지 못함

41	ⓑ스스로 ⓓ ~로부터	56	誠之
42	患難相恤	57	博學
43	부부, 부자, 형제	58	그 근본이 어지럽고서 끝이 다스려지는 자는 없다.
44	中	59	도는 잠시도 떠날 수 없다.
45	賢	60	세상에 은둔하여 인정을 받지 못하여도 후회하지 않나니
46	兩端	61	자식이 제 스스로 밥을 먹거든 오른손을 쓰도록 가르쳐야 한다.
47	윗사람에게 싫었던 것으로써 아랫사람을 부리지 말며	62	몸과 마음을 거두어들이는 방법은 구용보다 더 친절한 것이 없다.
48	絜矩	63	음식은 달고 맛있기를 추구해서는 아니 되고 굶주림을 면할 정도면 그만이다.
49	술목 / 술빈	64	남들이 자기를 보기를 자신의 폐와 간을 보듯이 할 것이니
50	배반하다.	65	앉아 있을 때에는 시동과 같이 하고, 서있을 때에는 재계하듯이 하여야 한다
51	先愼乎德	66	압운(押韻)
52	必因其材而篤焉	67	대우법(對偶法)/대구법/대장법
53	毋上於面 毋下於帶	68	화랑도(花郞徒)
54	止於至善	69	잡과
55	道, 敎	70	권근

국가공인 한자·한문지도사 자격시험 답안지

문항	주21	주22	주23	주24	주25	주26	주27	주28	주29	주30
주관식 답안란	주21번 답안란입니다.									
초검	○	○	○	○	○	○	○	○	○	○
재검	○	○	○	○	○	○	○	○	○	○

문항	주31	주32	주33	주34	주35	주36	주37	주38	주39	주40
주관식 답안란										
초검	○	○	○	○	○	○	○	○	○	○
재검	○	○	○	○	○	○	○	○	○	○

문항	주41	주42	주43	주44	주45	주46	주47	주48	주49	주50
주관식 답안란										
초검	○	○	○	○	○	○	○	○	○	○
재검	○	○	○	○	○	○	○	○	○	○

국가공인 한자·한문지도사 자격시험 답안지

특급, 1~3급 응시자용

주관: (사)한자교육진흥회
시행: 한국한자실력평가원

문항	주관식 답안란	초검 채점	문항	주관식 답안란	초검 채점
주51	주51번 답안란입니다.	○ ○	주61		○ ○
주52		○ ○	주62		○ ○
주53		○ ○	주63		○ ○
주54		○ ○	주64		○ ○
주55		○ ○	주65		○ ○
주56		○ ○	주66		○ ○
주57		○ ○	주67		○ ○
주58		○ ○	주68		○ ○
주59		○ ○	주69		○ ○
주60		○ ○	주70		○ ○

문항	주71	주72	주73	주74	주75	주76	주77	주78	주79	주80
초검	○	○	○	○	○	○	○	○	○	○
재검	○	○	○	○	○	○	○	○	○	○

특급 주관식 답안란 (1~3급은 작성불가)

주71번 답안란입니다.

문항	주81	주82	주83	주84	주85	주86	주87	주88	주89	주90
초검	○	○	○	○	○	○	○	○	○	○
재검	○	○	○	○	○	○	○	○	○	○

특급 주관식 답안란 (1~3급은 작성불가)

문항	주91	주92	주93	주94	주95	주96	주97	주98	주99	주100
초검	○	○	○	○	○	○	○	○	○	○
재검	○	○	○	○	○	○	○	○	○	○

특급 주관식 답안란 (1~3급은 작성불가)

특급, 1 ~ 3급 응시자용

국가공인 한자 · 한문지도사 자격시험 답안지

주관 : (사)한자교육진흥회
시행 : 한국한자실력평가원

3 1

회 차	제 회	응시등급		문제유형	
감독관 확 인	(서명)	특 급	○	A형	○
		1 급	○		
		2 급	○	B형	○
		3 급	○		

성 명	

수 험 번 호

			-			-		-				
⓪	⓪	⓪		⓪	⓪		⓪		⓪	⓪	⓪	⓪
①	①	①		①	①		①		①	①	①	①
②	②	②		②	②		②		②	②	②	②
③	③	③		③	③		③		③	③	③	③
④	④	④		④	④				④	④	④	④
⑤	⑤	⑤	-	⑤	⑤	-		⑤	⑤	⑤	⑤	⑤
⑥	⑥	⑥		⑥	⑥				⑥	⑥	⑥	⑥
⑦	⑦	⑦		⑦	⑦				⑦	⑦	⑦	⑦
⑧	⑧	⑧		⑧	⑧				⑧	⑧	⑧	⑧
⑨	⑨	⑨		⑨	⑨				⑨	⑨	⑨	⑨

생 년 월 일

⓪	⓪	⓪	⓪	⓪	⓪
①	①	①	①	①	①
②	②		②	②	②
③	③		③	③	③
④	④		④		④
⑤	⑤		⑤		⑤
⑥	⑥		⑥		⑥
⑦	⑦		⑦		⑦
⑧	⑧		⑧		⑧
⑨	⑨		⑨		⑨

채점위원확인란
(응시자표기금지)

(초검)

(재검)

객 관 식 답 안 란

1	①②③④	16	①②③④	31	①②③④
2	①②③④	17	①②③④	32	①②③④
3	①②③④	18	①②③④	33	①②③④
4	①②③④	19	①②③④	34	①②③④
5	①②③④	**20**	①②③④	**35**	①②③④
6	①②③④	21	①②③④	36	①②③④
7	①②③④	22	①②③④	37	①②③④
8	①②③④	23	①②③④	38	①②③④
9	①②③④	24	①②③④	39	①②③④
10	①②③④	**25**	①②③④	**40**	①②③④
11	①②③④	26	①②③④	41	①②③④
12	①②③④	27	①②③④	42	①②③④
13	①②③④	28	①②③④	43	①②③④
14	①②③④	29	①②③④	44	①②③④
15	①②③④	**30**	①②③④	**45**	①②③④
				46	①②③④
				47	①②③④
				48	①②③④
				49	①②③④
				50	①②③④

※ 답안지 작성요령

1. 객관식 답은 해당번호에 검정색 펜으로 표기
   ▶ 바른표기 예 : ●
   ▶ 틀린표기 예 : ◑ ⊙ ✓ ⊗
2. 객관식 답을 수정할 때는 수정테이프를 사용
3. 주관식 답을 수정할 때는 두줄로 긋고 작성
4. 본 답안지를 구기거나 훼손하지 마시오.

문항	주관식 답안란	초검	재검	문항	주관식 답안란	초검	재검
주 1		○	○	주 11		○	○
주 2		○	○	주 12		○	○
주 3		○	○	주 13		○	○
주 4		○	○	주 14		○	○
주 5		○	○	주 15		○	○
주 6		○	○	주 16		○	○
주 7		○	○	주 17		○	○
주 8		○	○	주 18		○	○
주 9		○	○	주 19		○	○
주 10		○	○	주 20		○	○

문항	주21	주22	주23	주24	주25	주26	주27	주28	주29	주30
초검	○	○	○	○	○	○	○	○	○	○
재검	○	○	○	○	○	○	○	○	○	○

주관식 답안란

주21번 답안란입니다.

문항	주31	주32	주33	주34	주35	주36	주37	주38	주39	주40
초검	○	○	○	○	○	○	○	○	○	○
재검	○	○	○	○	○	○	○	○	○	○

주관식 답안란

문항	주41	주42	주43	주44	주45	주46	주47	주48	주49	주50
초검	○	○	○	○	○	○	○	○	○	○
재검	○	○	○	○	○	○	○	○	○	○

주관식 답안란

국가공인 한자·한문지도사 자격시험 답안지

특급, 1~3급 응시자용

주관: (사)한자교육진흥회
시행: 한국한자실력평가원

회차	제회
응시등급	특급 / 1급 / 2급 / 3급
문제유형	A형 / B형

성명 (서명)

수험번호

감독확인

생년월일

채점위원확인란 (응시자표기금지)

(초검) (재검)

주관식 답안란

문항	주관식 답안란	초검	재검
주51	주51번 답안란입니다.	○	○
주52		○	○
주53		○	○
주54		○	○
주55		○	○
주56		○	○
주57		○	○
주58		○	○
주59		○	○
주60		○	○

문항	주관식 답안란	초검	재검
주61		○	○
주62		○	○
주63		○	○
주64		○	○
주65		○	○
주66		○	○
주67		○	○
주68		○	○
주69		○	○
주70		○	○

특급 주관식 답안란 (1~3급은 작성불가)

문항	주71	주72	주73	주74	주75	주76	주77	주78	주79	주80
초검	○	○	○	○	○	○	○	○	○	○
재검	○	○	○	○	○	○	○	○	○	○

주71번 답안란입니다.

문항	주81	주82	주83	주84	주85	주86	주87	주88	주89	주90
초검	○	○	○	○	○	○	○	○	○	○
재검	○	○	○	○	○	○	○	○	○	○

문항	주91	주92	주93	주94	주95	주96	주97	주98	주99	주100
초검	○	○	○	○	○	○	○	○	○	○
재검	○	○	○	○	○	○	○	○	○	○

국가공인 한자・한문지도사 자격시험 답안지

주관: (사)한자지도육진흥회
시행: 한국한자실력평가원

특급, 1~3급 응시자용

문항	주21	주22	주23	주24	주25	주26	주27	주28	주29	주30
초검	○	○	○	○	○	○	○	○	○	○
재검	○	○	○	○	○	○	○	○	○	○

주관식 답안란 — 주21번 답안란입니다.

문항	주31	주32	주33	주34	주35	주36	주37	주38	주39	주40
초검	○	○	○	○	○	○	○	○	○	○
재검	○	○	○	○	○	○	○	○	○	○

주관식 답안란

문항	주41	주42	주43	주44	주45	주46	주47	주48	주49	주50
초검	○	○	○	○	○	○	○	○	○	○
재검	○	○	○	○	○	○	○	○	○	○

주관식 답안란

국가공인 한자·한문지도사 자격시험 답안지

특급, 1~3급 응시자용

주관: (사)한자교육진흥회
시행: 한국한자실력평가원

문항	주관식 답안란	초검	재검
주51	주51번 답안란입니다.	○	○
주52		○	○
주53		○	○
주54		○	○
주55		○	○
주56		○	○
주57		○	○
주58		○	○
주59		○	○
주60		○	○

문항	주관식 답안란	초검	재검
주61		○	○
주62		○	○
주63		○	○
주64		○	○
주65		○	○
주66		○	○
주67		○	○
주68		○	○
주69		○	○
주70		○	○

문항	주71	주72	주73	주74	주75	주76	주77	주78	주79	주80
특급 주관식 답안란 (1~3급은 작성불가)	주71번 답안란입니다.									

문항	주81	주82	주83	주84	주85	주86	주87	주88	주89	주90
특급 주관식 답안란 (1~3급은 작성불가)										

문항	주91	주92	주93	주94	주95	주96	주97	주98	주99	주100
특급 주관식 답안란 (1~3급은 작성불가)										